KB179415

조선인과 아이누 민족의 역사적 유대

제국의 선주민·식민지 지배의 중층성(重層性)

일러두기

·일본의 지명, 인명, 고유명사는 국립국어원 외래어 표기법에 따라 표기
 하였다.

조선인과 아이누 민족의 역사적 유대

제국의 선주민·식민지 지배의 중층성(重層性)

석순희 지음
이상복 옮김

어문학사

한국판 저자 서문

저의 저술이 한국 여러분들에게 한국어로 읽혀지는 것을 진심으로 기쁘게 생각합니다.

한국은 물론, 일본 국내에서도 아이누와 조선인의 유대라는 것은 거의 알려지지 않았습니다. 메이지 유신 후, 홋카이도의 선주민 아이누는 일본으로의 동화를 강요당하고, 토지나 말, 이외도 이름까지 빼앗겼습니다. 바로 이것은 뒤에 이어지는 아시아 침략과 식민지 지배의 선구였습니다.

조선이 일본의 식민지가 되어, 어쩔 수 없이 일본으로 이민을 떠나야 했던 조선 사람들이 있었습니다. 현재 '재일' 이라고 불리는 사람들의 뿌리입니다만, 지금까지도 재일 코리안은 일본 사회에서 혹독한 차별과 억압을 받고 있습니다.

아이누인이 조선인과 깊은 관계를 맺는 것은 메이지기 3년이라는 매우 이른 시기에도 있었습니다만, 특히 식민지 시대에는 강제적인 노무 동원까지 있어 노예사냥처럼 끌려간 조선인들은 매우 가혹한 노동 상황에서 탈출했습니다. 그런 조선인을 숨겨 식사를 제공하고, 함께 살아 온 이들이 아이누 사람들이었습니다. 함께 차별 당하면서 밑바닥에서 살아가는 사람들에 대한 인간으로서의 동행이었습니다. 이러한 역사적 사실은, 일본 내에서는 알려진 적이 없는 묻혀버린 역사입니다.

근대 이후의 동아시아는 일본의 침략과 식민지 지배의 역사였지만, 패전 후 일본에서는 스스로를 가해자로서가 아니라 피해자로 말하는 것이 주류가 되었고, 반전 평화 운동도 히로시마 나가사키의 비극을 호소하는 것에서 시작되고 있습니다. 현재까지 한국과 일본의 전후 관계가 좋아졌다고는 할 수 없는 상황이라고 생각합니다. '위안부' 문제, 징용공문제(徵用工問題) 등, 근대사를 둘러싼 한일 문제는 골이 깊어져 있습니다.

그러나 그 가운데 아이누와 조선인의 유대는 저항과 협력 사이에서 생겨난 기적적인 희망의 이야기입니다. 마찬가지로 미국에서도 아프리카 노예와 선주민족이 함께 도우며 공생한 역사적 사실도 드러나고 있습니다. 제국이 가져온 보편적 폭력의 구도와 그에 저항하고 연대한 사람들의 희망. 그것은 우리의 기억 속에 깊이 새겨져야할 일이라고 믿습니다.

작년(2018년) 여름에는 한일 합동수업연구회 여러분이 한국에서 30명, 일본에서 20명 정도가 참가하여 아이누와 조선인을 잇는 필드워크를 했습니다. 한국의 여러분이 아이누 민족이라는 존재를 알게 되었고, 전시 하에서 조선인을 도왔던 역사적 사실에 깊은 감동과 관심을 표방해 진심으로 감사드립니다.

졸자가 아이누와 조선인의 역사를 조사하고 있던 2010년, 삼육대학교 이상복 선생님이 제가 근무하고 있는 도마코마이 고마자와 대학에 객원 연구원으로 일 년간 체재하였습니다. 그때, 일본에서는 보도되지 않은 아이누 민족 아시리레라씨의 신문 기사를 이상복 선생님이 인터넷에서 찾아주셨고, 저는 아시리레라씨와 만나게 되었습니다. 레라씨와 만남이 없었더라면, 정말로 중요한 아이누와 조선인의 깊은 유대에 대한 많은 부분을 알지 못했을 것이라 생각합니다. 레라씨와의 만남을 이끌어 주신 이상복 선생님에게는 정말 진심으로 감사드립니다. 그리고 선생님께서는 제 저술의 번역을 자청해 주셨습니다.

'아이누와 조선인의 유대에 대해 한국인들이 꼭 알아줬으면 좋겠다'는 뜨거운 마음으로 많은 고생을 해 주셨습니다. 이상복 선생님께 다시 한번 깊은 감사를 드립니다.

또한, 한국어 출판을 흔쾌히 허락해 주신 출판 수로사의 도이 쥬로 대표님과 한국에서의 수요와 채산을 고려하지 않고 출판할 수 있도록 배려해 주신 어문학사 여러분들께 깊은 감사의 말씀을 드립니다.

석순희

들어가며

국경과 여러 가지 경계선을 뛰어넘어 사람들은 이동과 이주를 반복해 왔다. 일본 문화에 대해 말하는 여러 언설은 균질적이고 단일화된 국민국가를 기반으로 한 것이었지만 근대는 고대에 도래한 문화의 흔적이나 이웃 동아시아 제국과의 교류와 교역 등, 일본 문화에 있어 민족의 다양성이나 중층성을 검증하는 연구가 주류를 이루어 왔다. 동아시아에서도 사람의 이주와 문화접촉은 오랫동안 계속되어 왔다고 생각한다.

근대기에는 이웃 여러 나라에서 일본으로의 인구 이동과 이주는 식민지 지배와 전쟁 시기의 노동자 동원 등, 역사적 요인이 크게 관여하고 있지만 근래에 전전(戰前)부터의 일본 인구 이동 전체에 대해 정리한 연구가 나와 있다. 또 홋카이도에 관한 연구로는 전시기(戰時期)의 강제 노동자 동원에 대한 조사를 중심으로 한 보고서가 있다.

현재 재일 코리안을 형성하는 조선인의 일본으로의 이주에 대해선 종래 강제적 노동자 동원을 중심으로 한 연구가 많았지만, 홋카이도의 조선인 이동과 이주, 정착화는 필자가 조사를 진행해오면서 지금까지 밝혀진 시기보다 훨씬 더 이른 시기부터 이루어져 왔음을 알 수 있었다.

이 책에서는 홋카이도 선주민족인 아이누 민족과 조선인이 여러 이주 형태에 의해 깊은 관계 속에 형성해 왔다는 근대사의 새로운 측면을 제시한다.

그다지 알려져 있지 않은 이른 시기부터 일본으로의 조선인 이동·이주 요인에 대해서는, 우선 이씨 조선후기의 부세제도(賦稅制度)의 모순에 불만을 품은 민중과 농촌의 만성적인 병폐에서 민중 봉기가 빈발했던 것을 예로 들 수 있다. 1862년에는 대규모의 민중 봉기로 알려진 '임진왜란'이 일어나 조선 전역에 전개되어 가고, 다음 해 1863년에 러시아 연해주 우수리 지구로의 조선인의 이주가 시작되었다. 그리고 그 조선인의 이동은 러시아 연해주와 동시에 막부 말기의 북큐슈(北九州) 지방과 서 일본(西日本) 해안 등에도 있었다고 하는 증언이 있다.

또 홋카이도의 조선인과 아이누 민족과의 유대는 전근대기에 걸쳐 전시 중뿐만 아니라, 전후에도 보다 밀접한 관계를 구축해 오고 있었다는 것이 밝혀졌다.

전후 조선인과 아이누 민족이라는 마이너리티끼리의 빈번한 커뮤니케이션에서는 전시 중 이상으로 복잡한 유대, 억압과 배제가 재생산되어 있다.

이 책에서는 현재의 홋카이도에서의 조선인 이주와 정착화의 형성 과정을 더듬어 그 과정에서 깊은 유대를 가진 아이누 민족과의 관계에 대한 진실을 밝힌다. 홋카이도 마이너리티의 중층적인 형성 과정을 "근대 아이누사 및 재일 코리안의 형성 과정" 그대로 형성 과정 연구에 새로운 시점을 제시함과 동시에 일본에 있어 마이너리티의 아이덴티티 문제점을 발견하고 다양성에 미친 일본 문화의 제상을 밝히려는 시도이다.

더욱이 이 책에서는 청취한 증언자들의 개별적·개인적인 체험은 세계 각지의 마이너리티에 의해서 근대의 역사로 이어지는 것이라고 필자는 생각한다. 그것은 제국주의가 만들어 낸 피식민지의 사람들, 원주민, 마이너리티의 사람들 사이에 형성된 다양하고 중층적인 유대를 가진 사회의 보편적인 역사이다.

차례

제1장

전근대기의 조선인과 아이누

에도 시대(江戸時代)의 표류(漂流)와 표착(漂着)

근대 이후의 조선인과 아이누 민족(アイヌ民族)과의 유대를 기술하기 전에, 근대기 이전의 일본과 조선 반도와의 관련에 대해 살펴본다.

고대부터의 많은 문헌에서 알 수 있듯이, 두 나라의 유대는 매우 깊었다. 에도 시대에는 조선의 이씨조선(李氏朝鮮)과 쓰시마종가(対馬宗家)와의 교역과 모두 12회에 걸친 조선 통신사의 파견 등 그 외에도 조선인 또는 일본인(和人)의 표류나 상대국으로의 표착이 기록으로 많이 남아 있다. 그 전체상(全体像)에 대해서는, 이케우치 사토시(池内敏)의 『근세 일본과 조선 표류민(近世日本と朝鮮漂流民)』에서 상세하게 알 수 있다.

이케우치(池内)의 연구 성과 중에서도, 이하의 사료 발굴은 특필할 만하다. 조선인과 아이누 사람들의 첫 접촉에 대한 기록이다. 조선의 무관이었던 이지항(李志恒)이 기술한 『표주록』에 아이누로 여겨지는 사람들과의 접촉과 교류의 기록이 남아있다. 1696년(겐로쿠 9년)에 이지항을 포함한 8명의 조선 사절이 4월 17일 부산을 출항하여 영해(寧海)에 도착하였으나, 다시 북상할 때 표류하여, 5월 12일 에조(蝦夷 -지금의 홋카이도)섬에 표착했다는 것이다.

그 섬이란 마쓰마에번(松前藩)의 기록 『후쿠야마히후(福山秘府)』에 의하면 레분토(礼文島)로 되어 있지만, 이지항의 기술에 따르면 표착한 섬은 "중턱에서 보면 산 정상은 눈으로, 그 보다 아래는 초목이 무성한 산의 섬" 이라고 기술되어 있다.

레분토 중앙에는 레분다케(礼文岳)가 있지만, 해발은 겨우 490m

로 5월 중순에 눈 덮인 높은 산이라고는 말할 수 없다.『표주록』에서 큰 산으로 기록되어 있는 것에서 고도가 높은 산이 있는 섬이었다고 말할 수 있다. 이웃한 리시리토(利尻島)*에는 리시리후지(利尻富士)라 불리는 고도 1,722m의 리시리산이 있어, 이지항 일행이 표착한 섬은 레분토가 아닌, 리시리토(리시리섬)였다고 하는 것이 타당할 것이다.

이지항이 말하는 그 섬의 주민들은 분명히 일본인과는 다른 용모와 관습, 언어를 가진 사람들이었다.

> 나무껍질로 짠 노란 천의 긴 옷, 혹은 곰 가죽이나 담비 가죽으로 만든 옷을 입고 있었다. 머리카락은 거의 없고, 수염은 모두 묶고 있었으며 길이는 1자(1尺)**, 혹은 한 다발이었다.
> 생선국 한 그릇과 찢은 고래 고기 조각을 준 것 외에는, 밥을 짓는 기색도 없었다.

그것은 조선의 관사인 이지항이 보고 들은 당시의 아이누 사람들의 기록이며, 그 교류의 기록이다. 그 기록으로부터 아이누 사람들이 일본인과는 다른 독자적 생활 형태를 유지하고 있고, 낯선 이국의 사람들과 교류한 사실을 알 수 있음과 동시에, 이지항의 조선인 사절과 아이누 민족과의 최초의 접촉은 매우 우호적이였다는 사실을 알

---

* 홋카이도 북부의 동해상에 떠있는 원형의 섬. 면적은 182.11km²로 일본에서 18번째로 넓은 섬에 해당한다. 북쪽에는 레분토가 있다.
** 한국에서 사용되는 자의 경우 1자는 약 30cm.

수 있다.

그 이후, 이지항 일행은 마쓰마에번에 의해 에도까지 보내져, 에도에서는 쓰시마번(対馬藩)*에 의해 쓰시마(対馬)로 보내진 후, 부산까지 왔다. 마쓰마에번과 쓰시마번에 의한 송환의 과정에서는 조선인 사절 측이 일본 측의 정중한 응대와 한시(漢詩)를 통한 의사 교류를 매우 바람직하다고 느끼고 있는 것을 알 수 있다.

이러한 조선에서의 표류나 표착만이 아닌 일본에서 조선으로의 표류와 표착도 많았다. 이케우치(池内)에 의하면, 그 수는 「표1」과 같다.

표1 일본과 조선 사이의 표류 표착(1599년~1872년)

	건수(건)	인수(인)
조선인의 일본 표착	971	9770
일본인의 조선 표착	91	1235

사진 1 「표민옥터」 사적간판   사진 2 「표민관」 공터 (자위대나가사키지방 협력본부)

---

* 이즈하라번(厳原藩)이라고도 불리며, 일반적으로는 쓰시마번으로 불릴 때가 많다. 일본 에도(江戸) 시대의 300번(藩)의 하나로, 쓰시마 전역과 규슈 일부를 통치하였다.

조선에서 일본에 표착한 조선인은 쓰시마의 '표민옥(漂民屋)**'에서 정성스레 간호 받고 식사나 의류를 받아 조선으로 돌아갔다. 그 곳이 있던 장소가 현재의 쓰시마시 이즈하라(対馬市 厳原)의 작은 항구에 인접한 장소에 있어, 이즈하라(厳原) 교육위원회에 의해 사적의 표시가 세워져 있다. 쓰시마시 이즈하라에는 조선과의 교류와 관계가 있는 사적이 많이 있으나, 표민옥 유적은 일본과 조선의 선린 우호 시대의 귀중한 증거이다.

사진 3 약조제찰비   사진 4 약조제찰비 원형사진

** 과거 쓰시마(대마도)의 표류민을 수용했던 곳, 지금은 자위대 나가사키 지방 연락부로 쓰이고 있다.

〈일조 선린 우호를 측면적으로 유지한 표민옥 유적〉

'표민옥'은 일본 연안에 닿은 조선인 표류민을 정성스레 간호하여, 숙박하게 한 다음 본국에 무사히 송환하기 위한 거점 시설이었다. 이 표류민 송환은 국가 교류가 단절되어 있던 시대에도 변함없이, 친 조선 정책으로써 인도적 입장에서 계속되어, 무역을 부활시키는 요인이 되었다. 조선 통신사가 국가적 수준의 화려한 교류였음에 비해, 표류민 정책은 그것을 측면적으로 유지하면서 일상적으로 행해진 교류이다. 에도 시대의 선린우호의 기반을 육성시킨 시설이었다고 할 수 있다.

(이즈하라초 교육위원회)

　1678년부터 1876년의 198년간, 조선의 부산에는 쓰시마번의 교역 거점이 되었던 초량왜관*이 있어, 500~600명의 일본인이 부산에 주둔하였다. 조선시대의 이러한 왜관은 조선과 일본이 외교와 무역을 하는 유일한 장소였다. 3만 3,000제곱미터의 왜관 부지 내의 각종 시설은 조선 정부가 설치하고, 동래부(東萊府)**가 출입을 관리하고 통제했다. 17~18세기의 초량왜관은 북쪽 대륙 문물과 남쪽 해양 문물이 교류하는 조선과 일본의 교류 중심지인, 북동아시아 물류의 중심지였다.

---

* 왜관: 일본사절과 상인이 조선에서 외교와 무역을 하였던 곳.
** 동래부(東萊府, 1895 - 1896): 조선시대 23부제 아래 최고 지방 행정구역.

또한, 현재 '용두산 공원'이 된 초량왜관이 있던 자리에는 교역 시대에 일본인과 조선인의 접촉이 많아 밀무역이 잦았기 때문에, 그것을 단속하고 엄하게 처벌하기로 한 '약조제찰비'도 보인다. 이 비석은 초량왜관의 설명비에서 동쪽으로 200미터 정도 떨어져 있다. 공원 한쪽에 세워진 설명비는 좁은 계단 중턱에 있으며 한국어, 일본어, 영어, 중국어로 표시되어 있다.

초량왜관을 기점으로 200년 가까이 계속된 일본과 조선의 우호 관계도 메이지 시대(明治期)에 들어 종말을 맞는다.

그 결정적인 사건이 된 것이 1875년(메이지 8년)의 강화도사건(江華島事件)이다. 이 사건에 대해서는 수많은 연구가 있기 때문에 간략하게 언급한다.

일본 군함 '운요호(雲揚号)'가 조선 영해를 침범해 염하(塩河)를 거슬러 올라갔다. 조선측은 강화도에 설치한 포대에서 운요호를 포격했다. 운요호는 자신의 도발적 영해 침범에 대한 조선의 포격에 대해서 함포 사격을 한 뒤, 강화도에 상륙하여 대포를 약탈했다. 또한, 인접한 수송도(水宋島)에도 상륙해 포대를 파괴하고, 민가를 불사르고, 주민들을 학살했다. 그리고 1876년, 일본은 조선과 일조수호조약(日朝修好条規 - 강화도조약)을 체결했다. 무력을 배경으로 한 이 불평등 조약에 따라 조선은 어쩔 수 없이 개국(開國)하게 되었다.

그리고, 약 200년간 유지되던 에도 시대의 우호적인 교역의 장소인 초량왜관은, 일본인 거류지로 변모해 갔다. 현재, 한국 부산시의 이 장소는 용두산 공원(龍頭山公園)이 되었으며, 도요토미 히데요시(豊

臣秀吉)의 조선 침략 때 무공을 세운 이순신(李舜臣)의 동상이 건립되어 그 공적을 표창하는 장이 되고 있다.

막부 말기부터 근대 초기의 러시아 연해주로의 조선인의 이동

에도 시대에 마미야 린조(間宮林藏)의 조사에 의해 사하린과 대륙을 연결하는 해협이 확인되었지만, 1809년(문화 6년) 아무르* 하류 유역에서의 조사에 의하면 만주 임시정부가 있는 데렌(デレン)에 조선인이 교역을 하기 위해 왕래하고 있었다는 것을 나타내는 듯한 보고가 있다.

『동달 지방 기행(東韃地方紀行 卷之中)』 중에서 만주 임시부에 대해 기술하고 있는 부분에,

> 서남은 조선 사회에서 발생하고, 동쪽(정확하게는 동북)은 러시아의 경계로 와서 물건을 교역하는 사이에 대개 5,6일 머물고 돌아가는 사람, 린조가 찾아 왔을 때 5,600명이 머물러 있었다고 함.

이라고 하는 기술이 있다(135쪽). 5,6일의 체류 동안 교역을 한 사람들이 500~600명 있었다고 한다. 그곳에는 '조선인'이라는 기술이 없었으나, 서쪽은 '조선'에서, 동쪽은 러시아의 국경까지 기록되어 있다. 정확하게 말하면, 그곳에서 교역을 했던 사람들 중 조선인이 포함되어 있을 가능성은 완전히 부정할 수는 없는 것은 아닐까.

---

*아무르: 러시아 공화국 동부의 주.

실제 마미야 린조가 기록한 『궁발기담(窮髮紀譚)』에도,

만주의 관리, 린조에게 조선의 달력은 불편할 것이라고 해서 시헌
력**을 보낸 적이 있기 때문에 조선인이라고 생각되었을 것이다.

라는 기술이 있다(169쪽). 마미야 린조를 보고 만주 관리가 조선인
이라고 생각했다는 것이다. 이 지역에 조선인이 방문하고 체류하는
것이 그만큼 드문 일이 아니라 오히려 일본인이 방문하는 것이 흔치
않은 일이었다고 말할 수 있지 않을까. 아무르 유역에서의 교역에
대해서는 '산단교역(山丹交易)'으로써 연구가 축적되어 있지만, 마
미야 린조의 기록에 조선인에 대한 기록이 있는 것에 대해서는 지금
까지 거의 언급되지 않았다. 이에 대한 내용은 후술한다.

에도막부 말기부터 메이지 초기에 걸쳐서의 홋카이도 히다카(北海
道 日高)에 거주하던 조선인의 내력을 전근대에서의 사하린 아이누
와 사루카와 아이누(沙流川アイヌ)와의 교역 루트에서부터 더듬어
올라갈 수 있지 않을까, 라고 하는 필자의 가설과도 관계가 있다.

결국 마미야의 아무르 조사로부터 알 수 있는 사실은 아무르 유역
의 교역에 조선인이 항상 참여하고 있었을 가능성이 있다는 것이다.
이 지역이 조선인의 정착화에 직접 이어지는 것은 아니지만, 아무르
유역의 교역을 통해 사하린에 도항(渡航)한 조선인도 있었다고 말해
도 좋을 것이다.

** 태음력(太陰曆)에 태양력(太陽曆)의 원리를 적용하여 24절기의 시각과 하루의 시
각을 정밀하게 계산하여 만든 역법. 조선시대 1653년 이후 한반도에서 쓰였다.

1860년 10월 청(淸)나라와 영국, 프랑스, 러시아 사이에 베이징 조약(北京条約)이 맺어졌다. 1856년에 시작된 청과 영국, 프랑스의 제2차 아편전쟁 강화조약이다. 그것을 중개한 대가로 러시아와 우스리 강(ウスリー江)을 이동하는 땅(연해주)을 청나라로부터 획득해서 블라디보스토크('동쪽을 지배하는'의 의미)의 군항을 건설했다. 조선과는 무관계한 청나라와 영국, 프랑스 사이의 조약에 의해 조선은 러시아와 국경을 잇게 되었다. 연해주에는 러시아의 카자흐 이외에도 1863년 이후 조선인 농민들의 이주가 시작되었다. 1867년부터 2년간 우스리 지방에 체류한 러시아의 여행가 N.M 프르제발스키(N.M Przhevalsky)에 의한 조사에 따르면, 1867년에는 1,800명이었던 조선인이 1884년에는 약 9,000명이 러시아의 영토 내에 정착하고 있었다고 한다. 러시아와 조선과의 통상조약은 1884년에 체결되었지만 그전에는 이른바 '밀무역'이 국경 부근에서 시행되었다. 조선 정부는 쇄국 정책을 고수하는 원칙상 "러시아 정부에 항의를 했지만 러시아 정부는 조선인 이민을 호의적으로 받아들였다"라고 한다.

하지만 1888년에 러시아와 조선 사이에 성립된 「육상 무역 규정」의 2조 4항에 의하면 조선인의 이주는 중지된다. 국경을 넘어 러시아에 입국할 때 조선 정부가 특별히 발행한 허가서를 소지하지 않은 경우에 금지되는 것이 명문화된 것이다. 이 조약 체결의 예비 교섭에서 조선 정부는 이주의 중지뿐만이 아니라 러시아 영토 내 모든 조선인들의 무조건적인 송환도 주장했지만, '규정' 이전에 러시아에 정착한 조선인에 대해서는 결국 본인의 자유의지에 따라 귀국의 권리와 여권의 발급이 보장되었다. 그 당시 연해주에는 남녀를 합쳐 1만 2,050명의 조선인이 정착해 있었고, 그 외에 매년 약 6,000명이 타지에 나가 돈을 벌고 있었다고 한다. 이렇게 조선인이 러시아로 이동한 배경에는 조선 농촌이 고질적으로 피폐한 상황에 있었고, 19세기 후반의 이 시기에는 임계점에 도달하고 있었던 것으로 보인다.

조경달(趙景達)『조선 민주운동의 전개』에 의하면, 19세기 중반 조선의 세금 제도는 '도결(都結)'이라고 하는 "상품화폐 경제의 발전을 배경으로 각종 조세를 일괄로 토지에 부과하고 화폐로 징수하는 조세 형태"로 "신분 차이 조세 징수를 해소하여 안정적인 조세 징수를 목표로 한 근대적 성격을 가진 조세 형태였다"라고 한다. 하지만 이런 세금 제도는 '부유한 국민'에게 과중부담이 되어 도결의 실시가 향촌 사회의 불만을 만성화시키고 있었다고 한다.

1846년 당시 경상도 진주 동리에서는 6%의 부농이 44%의 농지를, 63%의 빈농이 18%의 농지를 소유하고 있었지만, 그 이후 1858~1859년 사이에 3300호의 유랑민이 나와서 "한 경계가 공허해지는 것은 아침저녁 사이의 일이다"라고 말했다. 그것이 1862년에는 '임술민란(壬戌民乱)'이라고 불리는 민중의 일대 소동으로 조선 전국에 전개되고 1863년부터 러시아 우스리 지방에 조선인의 이주가 시작되었다.

1884년의 통상조약 체결 후, 러시아인에 의해 조선의 여러 가지 학술조사가 시작되었으나 조선 전체에 걸쳐 5개의 여행기를 모은 게·지·챠가이(ゲヂ·チャガイ)편찬에 의한 『조선여행기』로 당시의 조선

농촌의 곤궁한 상황과 러시아 국경에 있는 조선인의 상황을 알 수 있다. 『조선여행기』에 수록되어 있는 다음의 기행문에는 조약 체결 전 '밀무역'의 시기부터 체결 후에 걸쳐 조선에서 많은 가축들이 블라디보스토크에 보내진 것에 대해서

지금부터 조선에 소가 많다고 결론 내리는 것은 경솔한 생각이다. 오히려 조선의 소는 그 절대 수로 다른 가축과 비례해서 매우 적어, 우리는 조선으로부터 남는 소가 아니라 주민이 빈곤해서 사육하는 것이 어려워 내놓은 소를 취하고 있는 것이다.

라는 식으로, 조선 농촌의 심각한 빈곤에 대해 기술되어 있다.

이런 상황을 불러 일으킨 요인에 대해서 고찰한 동시기의 문장 몇 개를 살펴보기로 한다.

『조선의 현황』(1885년)을 쓴 아무르 주 총독 관방의 공작 다데슈 카리아니(ダデシュカリアニ)는 봉건제 조선의 토지소유와 계급 구성을 해명하고 있고 조선의 노예나 그 외의 피억압 계급이 남 우스리 지방으로 "도망 오는 동기"는 토지의 부족이나 저생산성이 아니라 "토지에 대한 완전한 무지"에 기원이 있다고 단언하고 있다. 그리고 그 시기에 일본에서 온 측량기사들이 조선 각지에서 토지의 측량을 시행함과 동시에 금을 탐색했다.

언양현의 마을에서는 7명의 일본인 기사들로 구성된 측량 부대

와 조우했다. 나는 일본 측량기사의 작품을 본 적이 있는 사람들의 말을 인용하여 여러 칭찬을 했는데도 불구하고 측량기사들은 자신들의 작품을 보여주지 않았다. 측량은 평판(平板)을 이용해서 행해지는데 평판의 삼각(三脚)이 야외에 세워져 있었다. 우리들을 수행한 관리가 현지 주민으로부터 들은 이야기에 의하면 일본인들은 원산(元山)에서 부산(釜山) 마을을 향하여 측량을 실시할 뿐만 아니라, 마을의 서쪽 8리 안에서는 금 탐색도 행해졌다고 한다.

이런 기술에서 10년 뒤에는, 다음과 같이 기술되어 있다.

60명으로 이루어진 일본인 측량기사가 조선을 자세하게 측정하기 위해 원산에서 사방팔방, 주로 북부 쪽을 향해 보내지고 있었다. 그들도 역시 도처로 닿는 곳에 집요하게 관사의 할당을 요구하거나 부인들을 능욕하는 등으로, 항상 조선인에게 막대한 돈을 지불하면서도 민중의 적의를 샀다.

일본의 측량기사들과 조선인 사이에 갈등이 끊이지 않는 모습이 기술되어 있다. 그러한 측량기사들의 호송대로 일본에서 병사가 보내지는 경우도 있었다. 근대적 토지 소유 개념에 대해 무지한 조선인의 토지제도의 틈새를 이용하기 위해 일본은 매우 빠른 단계로 조선의 토지 수탈을 주도면밀하게 추진해 왔던 것으로 나타났다. 농촌뿐만이 아니었다. 금 광산 또한 마찬가지였다.

　　이것은 바로 광산이라고 불리지만 조선인 노동자가 받는 임금은 극히 적고 원산에서 일본인에게 금을 판매하는 관리들의 주머니로 모든 것이 들어가 버리고 말았다. (중략) 노동자들은 매우 가난해서 굶주려 있었다. 그 중 한 사람은 내가 죽인 꿩의 살점을 이빨로 뜯어 그 자리에서 다 먹어버렸다. 광산 근처에 마을이 있어, 노동자들은 그곳에서 식사하고 술(소주)을 사고, 급료에는 손을 대지 않고 대부분 알몸이나 다름없는 모습으로 서성거리고 있다.

　이렇게 서술하고 있는 사람은 『서울에서 북한을 지나 포시예트(Posyet)에 이르기까지의 도보여행일지』를 저술한 파벨·미하일로비치·제로트케빅(Pavel·Mikhailovich·Jerotkevic)이다. 그는 1885년 12월 6일에 러시아인 소유의 증기선 〈바이칼(Baikal) 호〉로 블라디보스토크(Vladivostok)에서 출항해 12월 8일에 나가사키(長崎)에 도착했다. 그 이후 일본 미쓰비시(三菱)의 증기선인 〈미노마루(美濃丸)〉에 승선하여 12월 14일에 조선 제물포(濟物浦) 항을 향해 출발했고, 다음 해 1월 14일부터 말을 타고 북상했다. 여기에 적혀있는 광산에는 1월 9일에 도착했다. 영흥(永興)에서부터 약 30리(약 120킬로)는 험난한 협곡이 있는 금 광산이었다. 거기에서는 중국인들도 채굴하고 있었다. 부패한 이조(李朝) 말기의 관리 제도와 일본의 자본이 개입하고 있는 이러한 광산에서는 가혹한 착취 상황이 굉장히 심각했다는 사실도 서술되어 있다.

게다가 2월 12일 일지에는 성진(城津)을 출발해 인구가 조밀한 강변 마을을 지나면서 "여기서부터는 날씨가 좋은 날이면 4,5일에 걸쳐 수많은 조선인이 이 길을 통해 블라디보스토크까지 왕래한다. 북청(北青)에서도 도중에 6,7일을 소비해가며 많은 사람들이 블라디보스토크를 왕복하고 있다"라고 적혀있다. 블라디보스토크에서는 티클로스면(ティクロウ一ス綿), 코렌코르면(コレンコル綿), 시로도레루면(白ドレル綿)면이 주로 보트로 운송되어, 큰 소와 은·납·연광(鉛鑛)등도 조선의 통화(通貨)로 거래되고 있었다고 한다.

그리고 러시아 우수리스크(Ussuriisk) 지방으로 이주해 온 조선인들은 돈이 조금이라도 모이면 조선으로 귀향하는 사례가 많았다. 예를 들면 북청의 남방에서 약 200킬로 떨어진 곳에 홍원(洪原)이라고 하는 작은 마을이 있는데, 그곳의 군수는 이전 러시아의 "카메니 루이바로바(Carmenite Rubarova) 부근에서 평범한 농민으로 17년간 생활했던 조선인"으로, "격렬한 친러주의자이자 마음속 깊이 일본인을 증오하고 있다"라고 제로트케빅은 말했다.

그러나 러시아 연해주로 이주하는 조선인이 새로이 사할린(Sakhalin)으로 도항하는 예가 있다. 이것은 근대기에 조선인이 홋카이도로 이주하는 한 가지의 루트로 볼 수 있다.

아나톨린·T·쿠진(アナトリ·T一ク一ジン)은 1862년에 러시아 연해주에 이주 온 조선인이 포시예트 지구 치진(チジン)구 강가에서 정착화 되는 것을 공문서로 밝히고 있다. 그 후 1905년에 종결한 러일전

쟁에 의해, 대한제국은 일본의 보호국이 되었고 조선인의 러시아를 향한 이주는 가속화되었다. 당시 러시아 신문에는 다음과 같은 기사가 보인다.

> 일본의 위정자들은 손쉽게 얻은 승리에 도취되어, 욕망과 충동에 몸을 맡기고 있다. 조선은 어느 순간부터 폭동과 무질서, 약탈에 신음하고 있다. 법의 심판은 총과 칼로 바뀌어, 일본의 잔학 행위에 저항하며 도움을 청하는 목소리가 서울에서부터 아득히 들려온다.

일본이 조선을 식민지화한 1910년 이후로 정치적 위험 분자는 조선에서부터 일소되었고, 토지를 빼앗긴 조선 농민들이 러시아 연해주로 흘러 들어왔다. 일본의 점령으로 조선인 농가, 최소 두 세대(世帶)가 토지 1.09헥타르 정도의 토지를 빼앗겼다.

이러한 경위로 러시아 연해주로 이주한 조선인은 1917년 러시아 혁명 이후 소비에트(Soviet)정권하에 복잡한 정치적 상황 속에서 조선인 자치 영역을 창설하고, 조선인 학교를 운영하며 정착화를 본격적으로 진행해 갔다.

제2장

근대기에 있어 조선인과 아이누

근대기 초기의 조선인 이주와 정주화

조선인의 일본으로의 표착은 메이지(明治) 시대가 되어도 계속되었다. 메이지 초기에 홋카이도 개척사부터 표류 조선인에 관한 고시문(告示文)이 나와 있다. 다음 사료는 홋카이도 도립 문서관 소장의 『포고서』 및 『일본인 조선국 강표도 운운의 3건 피앙출서(日本人朝鮮國江漂到云云外三件被仰出書)』로부터 출판한 것이다.

「사료2」   「사료1」

【史料2】

『日本人朝鮮国へ朝鮮人日本国へ漂着ノ場合ノ取扱ニ付仰出ノ件』明治元年、北海道立文書館蔵

一 日本人朝鮮国江漂到候節者於彼国厚ク取扱釜山草梁頂之地ニ和館ト称シ宗対馬守家来詰合候場所江送届漂着之次第書翰ヲ以申越其上対州江迎取漂人之国所最寄ヲ以長岬府或ハ大坂府江送り届其府より其領主江引渡申候事

一 朝鮮人本邦之内江漂着候節者其最寄之府藩県より長崎府江送届其府ニ於て漂流之顛末相糺之上対馬守役人江引渡夫ヨリ長崎府之浦触ヲ以て対州江為迎取候事但浦触之主意ハ朝鮮人薪水乏敷風波悪敷候節ハ給与可相通との触ニ候事

一 漂人長崎府より対州江迎取候上対州ニ而更ニ使者相附彼国江致護送候事

一 漂人之内死する者アレハ棺斂して送り日本之地ニ不葬候事右之通被 仰出候間此段申達候事

六月

【史料1】 『日本人朝鮮人相互に漂着の節、取扱方に付申達』明治元年、北海道立文書館蔵

一 日本人朝鮮国江漂到候節ハ於彼国厚ク取扱釜山浦草梁頂之地ニ 和館ト称シ宗対馬守家来詰相合候場所江送届漂着之次第書翰ヲ以て申越其上対州江迎取漂人之国或ハ大坂府江送り届其府より其領主江引渡申候事

一 朝鮮人本邦之内所繰り返しこう漂着候節者其最寄之府藩県より長崎府江送り届其府ニおゐて漂流之顛末相糺シ衣糧給与船艦修理之上対馬守役人江引渡夫より長崎府之浦触ヲ以て対州江為迎取候事但浦触之主意者朝鮮人薪水乏敷風波悪敷候節ハ給与候て可相通との触ニ候事

一 漂人之内死する者あれハ棺斂して送り日本之地ニ不葬候事

右之通被 仰出候間此段申達候事

六月

이들 사료를 요약하면 이하와 같다.

"조선인이 일본에 표착하면 가장 가까운 부(府), 현(県)에서 나가사키부(長崎府)로 보내어 거기서 표류한 자초지종을 듣고 의복과 식량을 나눠주어, 함선을 수리한 뒤 쓰시마(대마도)까지 인도한다. 그리고 나가사키부의 해안에 표고문을 가지고 쓰시마까지 마중 나온다. 단 조선인이 취사를 할 수 없든지, 날씨가 좋지 않을 때에는 급여를 지급하고 데려다준다. 또한 표착한 조선인이 나가사키부에서 대마도로 마중을 나가 조선의 심부름꾼에게 호송한 것을 전달해야 한다. 표착한 조선인 중에서 사망자가 있으면 관을 짜서 보내고 일본에서는 장례를 치르지 않는다."

에도(江戸) 시대를 통해서 쓰시마를 전면적인 중개자로 조선과 교역이나 교류를 한 일본은 메이지 정부가 탄생된 후에도 지금까지와 다름없이 조선과 양호한 관계를 유지하려고 한 것이 이와 같은 사료들로부터 알 수 있다. 표착한 사람들에 대한 정중한 대우나 세세한 배려 등, 에도 시대와 표착에 관한 약정과 다르지 않는 지시가 개척사에서 나와 있다는 것은 주목할 점이다. 메이지 시대에 접어들어서도 '정한론(征韓論)'이 대두되는 이전에는 조선과의 우호 관계를 유지하려고 하는 태도가 보이는 것이다.

그것이 5년 후 1873년(메이지 6년)이 되면 표류자에 대한 대우가 달라진다. 「사료3」은 방위청 자료실 소장의 『태정관포달(太政官布達)4』(메이지 6년)이다.

「사료4」 「사료3」

【史料4】 【史料3】

『辛未四月外國船漂着ノ旨取扱方布告中朝鮮國ノ船ハ清國同斷ト有之候處元来朝鮮國船ノ　『戊辰六月布告朝鮮國漂流人取扱規則第二條左ノ通改正候條此旨布告候事』

儀ハ其製造堅牢ナラス遠海ヲ航行スヘキ具ニアラサレハ左ノ通改正候條此旨布告候事』明　　明治六年八月三日　防衛庁資料室蔵

治六年八月三日　防衛庁資料室蔵

一　朝鮮人本邦ノ内所々ヘ漂着候節ハ薩摩備前等長崎ニ便宜ノ地方ハ長崎縣廳ヘ送届

一　朝鮮國ノ船漂着ノ節其船修復ヲ加ヘ候上乗組人ヨリ歸國ノ儀申出候トモ洋中ノ危患不可保　佐賀懸下唐津ヨリ東北筑前豊前長門石見出雲等其他諸州ヘ漂着ノ節ハ其所轄廳便宜ノ海濱

ヲ論シ同國漂流人取扱規則第二條ニ照遞送可致且雑費ノ儀ハ當人資財ノ有無ニ關セス都テ　　ヨリ直ニ對州長崎縣支廳ヘ遞送可致事

其所轄廳ノ公費ニ可立事

但修復ヲ加ヘ候船ヲモ送還スヘキ節ハ必ラス相當ノ元船ヲ用ヒテ之ヲ引カシメ漂人共ハ元

船ニ為乗組可申尤雑用立船ハ本人承諾ノ上公札拂ニシ其代償ハ本人ニ腑與スヘキ事

「사료3」에서는 조선인·조선 선박의 표착지가 사쓰마(薩摩), 비젠 (備前) 등 나가사키(長崎)와 관련이 있는 지역에 대해서는 나가사키 현청을 통해 송환시키기로 한다. 또한 사가(佐賀) 아래 가라쓰(唐津) 보다 북동쪽에 위치한 지쿠젠(筑前)·부젠(豊前)·나가토(長門)·이와

미(石見)·이즈모(出雲) 등 다른 지역에 대해서는, 관할하는 현청의 항구에서 직접 쓰시마까지 송환하기로 명시되어 있다.

「사료 4」에서는 조선의 배는 청나라 것과 달리 견고하지 않고 긴 항해에 적합하지 않기 때문에 규칙을 바꾸었다. 선박 수리는 관할 공비(公費)로 충당하고, 송환할 때 원래의 배와 같은 규모의 배로 예항(曳航)하며, 공비를 지불하도록 되어 있다. 그러나 다른 지출이 발생한 배는 본인의 승낙을 받은 후에 그 비용을 지급받을 수 있도록 되어 있다.

그런데 조선인이 일본으로 이주했다는 기록은 조선이 일본의 식민지가 된 1910년 이전부터 다수 존재한다. 또한 일본인의 조선 이주 기록도 마찬가지이다. 1905년에 조선 각지에서 일본인 측량사들이 측량을 하러 간 것은 전장(前章)의 러시아 문헌에서도 밝힌 바 있다.

이 시기, 일본은 러일전쟁에서 승리해 조선을 보호국화 하였으며, 조선 전역의 측량은 식민지화를 정당화한 것이라고 말할 수 있다. 또 한편으로, 일본의 철도 공사인 야마카게선(山陰線) 부설 공사에서도 조선인 노동자가 동원된 사실을 알 수 있다.

홋카이도 도립 문서관 소장 사료인 1883년(메이지 16년)의 『삿포로현 공문록 기록 조수사냥 권업과 농무계(札幌縣検公文錄 鳥獸獵 勸業課農務係)』에는 다음과 같은 내용이 있다.

사진 5

사진 6

사진 7

「사료5」

【史料5】 『本邦在留朝鮮人、鳥獸免状請求ノトキハ遊猟免状下付方ノ件（札幌県）』明治一六年、

北海道立文書館蔵

明治一六年

札幌縣公文録鳥獸猟

勧業課農務係

第廿六　朝鮮人鳥獸猟免許ノ本邦在留朝鮮人鳥獸猟免状ヲ請求スル時ハ遊獵免状ヲ下付シ総テ内国人同様ニ処分口偽トス

明治一六年一〇月一八日札幌

▶ 사진5~7의 문서는 모두 1883년 북해도 도립 문서관장

본국 재류 조선인(本邦在留朝鮮人), 조수면장(鳥獸免状)을 청구할 때의 유수면장(遊獸免狀)

아이누 민족의 강압적 동화 정책 하에 아이누 민족의 수렵·어로가 제한되는 반면, 조선인에 대한 조수 수렵을 일본인과 마찬가지로 허용한 문서의 존재는 주목할 만하다. 왜냐하면 이 시기의 홋카이도에서 조선인의 정착화가 진행되고 있었다는 것을 말해주고 있기 때문이다. 또한 통계에 따르면 홋카이도에 조선인이 출현한 것은 1911년(메이지 44년)이며, 인원수는 여섯 명이다(표 2 참조).

그 28년 전에는 이미 조선인의 조수 수렵 허가 신청이 있었고 그것을 삿포로현은 일본인과 같은 취급을 하기로 허용한 것이다. 한편으로, 표착한 조선인에 대해 쓰시마를 통해 데려다주는 것이 1888년(메이지 21년)까지 진행되고 있었다. 그러나 이것은 가고시마(鹿児島)와 오카야마(岡山) 등 나가사키(長崎)에 가까운 지역에 표착한 경우이다. 그러한 지역에서 멀리 떨어진 홋카이도에서는 이미 조선인이 어느 정도 정주화하고 있었다고 생각되어 지는 것은 아닐까.

메이지기 초기 아이누 취락에 있어 조선인의 정주화

홋카이도에서 가장 이른 시기에 조선인의 이주와 정주화를 보여주는 호적의 존재가 있다. 그것은 한 1870년(메이지 3년)에 비라토리(平取)지역의 아이누고탄(アイヌコタン)에서 조선인 남성과 아이누 여성 사이에 맏아들이 출생한 것을 기록해 놓은 것이다. 호적의 기재는 다음과 같다.

'아버지의 이름을 모르면 기재 생략

출생의 경위 "출생 장소, 신고인의 자격 성명 및 신고서

접수 연 월 일을 모르면 그 기재 생략"

이 호적에 대해 필자는 2005년 9월 10일, 삿포로에서 여러 번의 입회하에 청취 조사를 실시하였다. 그 호적의 복사본도 현존하고 있다. 현재 그 호적을 제시해 준 정보 제보자는 서거했지만 「그림1」의 E라는 사람이다.

「그림 1」 비라토리에 있어 조선인의 출생계도

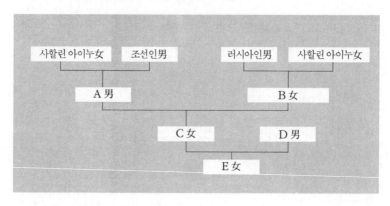

사람 A, 즉 사람 E의 할아버지에 해당하는 사람이 1870년(메이지 111년)에 비라토리에서 출생한 사람이다. A의 아내 B도 사할린 아이누와 러시아인 사이에 태어난 사람으로 비라토리 아이누의 집에 양녀로 있었다. 호적에는 '부모의 성명 및 가족 관계'라는 설명이 있

지만, E가 C에게서 들었다는 이야기는 C의 할아버지가 조선인이라는 것이다. 이러한 관계를 나타낸 것이 「그림 1」이다.

　조선인 이주가 정주화되어 가는 하나의 예로 기록된 것으로는 1870년 홋카이도 비라토리초의 아이누 고탄에 있어 이 호적이 가장 최초의 것이라고 말할 수 있다. 홋카이도에 있어 조선인 인구 통계에 나타나는 것은 기술된 바와 같이 1911년의 여섯 명이다(표 2).

표2 일본에서의 조선인 인구 추이

년도	전국(사람)	홋카이도(사람)
1911	2,527	6
1913	3,635	41
1917	14,502	1,706
1930	298,091	7,711
1939	961,591	38,700
1943	1,882,456	172,393
1944	1,936,843	259,330

사회운동 현황(제 5권 재류조선인), 「메이지 44년 중 내지 재류 조선인에 관한 조사」(내무성 경보국) 『특고월보』 『홋카이도청 통계서』 『홋카이도와 조선인 노동자』 『민단 홈페이지』에 의해 작성

　이 여섯 명의 직업은 내무성 경보국 「메이지 44년 중 내지 체류 조선인에 대한 조사」(1911년)에 의하면, 학생 1명, 어업 11명, 노동자 3명으로 되어 있고, 전부 남성이다(표 3).

표3 1911년 당시의 홋카이도 거주 조선인의 직업 내역

	학생 (사람)	어업 (사람)	노동 (사람)	기타 (사람)	허드렛일 (사람)	무직 (사람)	총 (사람)
1월 말	1	2	3				6
2월 말	1	2	3				6
3월 말	1	2	3				6
4월 말	1	3	3				7
5월 말	2	1	5	1			9
6월 말	2	1	7			1	11
7월 말	1	1	8	1			11
8월 말	1	1	8	1			11
9월 말	1	1	12		1	1	16

내무성 경보국 「메이지 44년 중 내지 재류 조선인 직업별」 1911년 작성

이 통계는 월마다 기록되었고, 1911년 4월부터 9월까지 홋카이도에 거주한 조선인은 점차 늘어나 16명이 되었다. 16명 중 여성은 1명이 다. 이러한 통계에 기록된 메이지 후기 조선인 수는 16명이지만, 필자 의 조사에서 그 통계가 취해지기 전인 1907년(메이지 40년) 전후에, 도 쿠시마(德島)현의 나루토(鳴門)지방에서 홋카이도 히다카(日高) 지방

에 마도위*(馬喰)로 이주한 조선인의 존재가 확인되고 있다.

그 조선인은 남성이고 무카와(鵡川)에서 아이누 여자와 함께 살고 있었던 것도 밝혀졌다. 이 사례가 바로 서 일본에서 조선인이 홋카이도로 이주한 이른 시기의 예라고 생각된다. 다음 절에서 자세히 언급하겠지만, 서 일본에서 홋카이도로 온 조선 사람들이 이윽고 마도위(馬喰)로 정주화되어 가는 것이다. 이 사람들은 위의 통계에 기록되어 있지 않다.

아와지시마(淡路島)에서 홋카이도(北海道)로의 일본인 이주와 조선인

도쿠시마번(德島藩)과 아와지시마(淡路島)의 이나다(稻田) 가문은 긴 세월에 걸쳐 복잡한 관계가 이어지고 있었다. 그리고 판적봉환(版籍奉還)을 계기로 '이나다소동', '경오(庚午)사변'이라고 불리는 사건에 이르렀다. 이 사건에 대한 자세한 내용은, 히라세 카네구라(平瀨金藏)『이나다소동』, 그것을 토대로 한『시즈나이정사(靜内町史)』, 향토 역사 연구가 타카다 치코(高田知幸)씨에 의한 강연회 자료집『북쪽의 백년(北の百年)』에 자세한 내용이 기록되어 있다.

개략을 서술하자면 전국시대(戰國時代) 오다 노부나가(織田信長) 부하로 아와(阿波)의 하치 스카(蜂須賀)씨와 맹우였던 이나다씨가 히데요시(秀吉) 시대에 공적과 녹봉을 사퇴하고 하치 스카씨에게 넘겨주었으며, 이나다씨는 스모토(洲本) 성대(城代)가 되었다. 표면

---

* 마도위(馬喰): 지난날, 말을 사고 팔 때 흥정을 붙이는 사람을 이르던 말.

상으로는 주종 관계였지만 이나다 가문은 다이묘 못지않은 미곡 수확량이 있었고 도쿠시마번을 훨씬 능가하는 중신·가신 수를 가지고 있었다.

도쿠시마번은 이나다 가문을 가신으로서 보는 한편, 이나다 가문은 도쿠시마번에 명예를 양보하였다는 의식이 강하여, 주종 관계가 아닌, 대등한 사족이라고 하는 의식이 있었다. 1869년(메이지 2년)의 판적봉환 때, 중신이 아닌 하급 가신이 되어 일거에 녹을 잃게 되었다. 이나다 가문에서 본번과 같은 취급을 하도록 한초(藩廳)에 거듭 본번과 같은 취급을 받을 수 있도록 진정을 행해졌지만 계속 각하되었기 때문에, 이나다 가문의 가신에서 도쿠시마번으로부터의 분리 독립 운동이 일어나고, 근황운동에 있어 가까운 관계였던 이와쿠라 도모미(岩倉具視), 아리스 가와노미야(有栖川宮)에 직소하였다.

이러한 경위로, 중앙정부는 이나다 가문에 홋카이도 개척을 명하고, 도쿠시마번에 그 비용을 부담하게 하는 것으로 사태의 수습을 꾀했다. 하지만 이나다 가문·도쿠시마번 양쪽이 이 명령에 응하지 않고, 도쿠시마번이 무력에 의하여 이나다 가문을 제압하려고 하였다. 1869년(메이지 2년) 5월 13일에, 도쿠시마번은 800명의 군대와 대포 4대를 수단으로 하여, 이나다 가문의 별저나 교육소였던 익습관, 중신 저택을 습격하였다. 이에 이나다 가문은 저항하지 않았으며, 여성과 아이를 포함해 37명이 사상하고, 2명이 자살하였다. 이것이 '경오사변(庚午事變)'이다.

이러한 사건의 결과, 메이지정부는 이나다 가문에 대하여 1870년

(메이지 3년), 홋카이도로의 이주를 명하였다. 이나다 가문은 구 영지 1만 4000석을 합쳐 효고현(兵庫県)으로 옮기고, 도쿠시마번에서 분번하였으며, 개척비용은 효고현으로부터 염출하였다.

이나다 가문이 정부로부터 명을 받은 개척지는 시즈나이군(静内郡)과 시고탄지마(色丹島)였지만, 도쿠시마번이 '개척' 명을 받고 있었던 니이캇푸군(新冠郡)도 지배할 것을 명령받았다.

1871년(메이지 4년) 5월 2일에 이나다의 가신단은 시즈나이·니이캇푸에 도착하였다. 여기에서 이나다 가문의 사람들은 처음으로 아이누 사람들과 접촉하였다. 그때의 상황이 기록에 남아있다.

시즈나이 향토인은 모두 시베챠리강(染退川) 연안에 살며, 연어, 말린 물고기 및 사슴 고기 말린 것만을 주식으로 하고, 경작을 하는 사람은 전혀 없다.

이 기록에서는 홋카이도는 토착민으로 여겨지는 아이누 사람들이 어로나 수렵을 행하고 있던 미개지로 기술되어 있다. 이것은 『개도 50주년 기념 홋카이도(開道五十年記念北海道)』(재판)에 있어, 편집자인 하코다테(函館) 홍문사(鴻文社) 주임인 사와 이시타(沢石太)의 머리말에 기술되어 있는 시점과 같다.

내가 홋카이도에 왔을 때는 에조(蝦夷)라 칭하여, 오랫동안 날고기를 먹고 그 피를 마시는 야만 민족의 폭력에 의해 짓밟는 것을

방치하고 있었지만

'茹毛飮血習を爲せる夷族' -즉, 날고기를 먹고 그 피를 마시는 야
만 민족이라는 것이 홋카이도에 먼저 살고 있던 아이누 민족에 대한
인식이었다. 또한, '蹂躙に委した' 라는 것은, '폭력에 의해 짓밟는
것을 방치하고 있었다' 라고 하는 것이다. 당시의 이러한 인식으로
행해졌던 '개척' 이 어떠한 것이었는지 공적 기록이나 향토사 등에
서 많은 기술이 남아 있다.

『개도 50주년 기념 홋카이도』는 도외(道外)에서 홋카이도로 이주
하여 고난 끝에 성공한 사람들을 현창하기 위하여 엮여진 것이지
만, 거기에는 아와지(淡路) 스모토(洲本)로부터 시즈나이에 이주하
여 축산업에 의해 재산을 이룬 사람들의 기술이 적지 않다. 그 중에
는 아이누 사람들이 니캇푸(新冠) 아네사루(姉去)로부터 누키베쓰
(貫気別)로의 강제 이주에 관계가 있던 아사카와 요시카즈(浅川義
一)의 기록도 있다. 『개도 50주년 기념 홋카이도』에서 '지방 농업
계의 신예' 로서 현창되어 있는 아사카와 요시카즈의 기술 일부를
적어본다.

明治四十年四月新冠御料牧場舊土人の給與地の監理を命せられ爾
後專ら土人の授産方法を講じて物質精神両界の開拓に努力する
事實に十星霜、後大正四年に至り河流郡貫気別の土地の給與を受
くるに至れり、先之二千有餘圓の土人の貯金を爲さしむあり、於是

如何にせば彼等土人をして安心立命の域に達しむべきやの點に
關じ焦心苦慮の結果、實弟健茨郎を彼地に派し土人に對する犠牲的
好情けを以て彼等を指導誘掖せしめ其成績好良なるものあり、義一
多年の努力は土人の授産上及其精神界に多大の効果を寄与したる
もの甚大なり、今や御料牧場貨地の耕作に従ひ資産年と共に加はり
同地屈指の新智識として盛名綽々たり。

　니이캇푸의 고료목장(御料牧場) 관리를 맡게 되어 아이누 사람들
을 지도하였다고 하는 것인데, 실제로는 아이누 사람들의 저금 2,000
엔을 사용하여 가미누키베쓰(上貫気別)라는 오지로 이주하게 하였
던 것이다. 그리고 자신은 고료목장에서 자산을 늘려 굴지의 명사가
된 것이다.

　또, 시즈나이에 이주해 온 이나다 가문의 사람들 중에 비라토리(平
取)의 누키베쓰·후레나이(振内)에서 크롬 왕이 된 야쓰다 만지로(八
田満次郎)라는 사람이 있다. 야쓰다가 그 생애를 이야기한 저술에는
"히다카(日高)의 말(馬)인가, 말의 히다카인가라고 말하는 히다카는
일본인의 이주 후는 농업 방면의 개척은 그다지 생각하지 않았다.
원시적인 어업 외에 히다카국으로 나아가야만 하는 길은, 축산 히다
카라는 것이 선각자에 의해 제창·실행되고 있었다"라는 것이다. 이
히다카 지방의 말의 육성은 조선인의 홋카이도 이주와 밀접하게 관
련되어 있다.

　이나다 가문 사람들의 시즈나이·니캇푸의 이주와 동시에 마도위로

서 함께 나루토(鳴門)부터 무카와(鵡川)나 시즈나이로 이주한 조선인들이 있었다. 이 조선인들은 나루토에서 말이나 소를 농가에 매매하는 일을 하고 있었다.

에도 시대부터 나루토·아와지 지방은 말 사육이 성행하였다. 농경마나 군마의 육성을 위해 막부로부터 말의 사육이 장려되어 있었다.

1629년(간에이 6년)에는 오게지마(大毛島)에 15마리의 말을 방목하고, 나루토의 바다에 산다는 강치(海驢)와 혼혈시켜 수륙양용의 좋은 말의 창출을 노렸다고 하는 전설도 있다. 또한 번마 육성을 위한 목장이 설치되기도 하였다. 이 목장은 1869년(메이지 2년)에 폐지되었지만 군마의 사육 자체는 전국적으로 행해졌다. 하지만 말의 사육은 청일·러일 전쟁쯤부터 감소하기 시작한다. 외국 말에 비해 일본의 군마가 체구·능력 모두 뒤떨어지는 것이 뚜렷해졌고, 말의 사육 머릿수가 점점 줄어들었던 것이다. 그 반면에 식용으로서의 소의 사육은 증가해 갔다.

당시 소와 말은 목축의 대상이 아닌, 경운(耕耘)을 위한 역축(役畜)이었고, 지력의 증강을 꾀하는 퇴구비 생산용 가축이었다. 그러한 증가를 각 지구에 할당한 것도, 특히 쌀 생산성 향상을 목적으로 하고 있었기 때문이었다. 따라서 소와 말의 구별 자체도 그다지 중요하지 않았다.

소와 말의 매매를 행하는 자를 마도위라고 불렀다. 박로(博労), 백락(伯楽), 마식(馬喰), 우마상(牛馬商), 가축상(家畜商)으로 시대에 따라 그 호칭은 바뀌지만, 말의 선악을 감정하고, 매매, 교환이나 주선을 행하는 것이 중요한 일이었다. 특히 말의 병에 관해서는 백락(伯樂)이 한방약이나 뜸, 자침, 사혈을 행하였다.

메이지 초의 말 한 마리 가격은 300엔 정도로, 매우 높은 가격이었다. 가난한 농가에서는 말을 키울 재력이 없었기 때문에 마도위의 소개로 '만인강(万人購)'이라는 시스템으로 돈을 모았다. 이것은 2인 1조로 십 수조를 조직하여 각 지방에 의뢰하러 가서, 집금한 돈으로 말을 사서 농가에 넘기는 '쓰나가타메(綱堅め)'라는 방식을 취하고 있었다. 그 중에는 농가를 속이는 악덕 상인도 있어 '박타(博打), 박로(博労), 소매치기' 등 이라는 험담도 있었다고 한다. 상인들끼리 손을 소매 안에 넣고 손가락을 접는 방식이라든가 쥐는 방식으로 가격을 정하기 때문에, 입회인들도 어느 정도의 시세로 거래되는지 모른다고 한다. 얼마 안 있어 박로(博労)나 마도위는 면허제도가 되었고, 우마상 시험을 통과하여 자격을 갖추어야 하는 직업이 되었다. 하지만 초기 무렵에는 그런 엄격한 자격을 가진 자만이 마도위였던 것은 아닐 것이다.

다이쇼(大正) 말기에는 죽은 소, 육우에 적용하고, 사육 관리가 용이한 조선소(적우)가 농가에서 선호되어 조선에서 수많은 적우가 도입되어 사육되었다. 1925년(다이쇼 14년)도에 있어서 조선소의 평균 시세를 보면 육우가 암소 267엔 50전, 수소 260엔 50전, 그 외에 다 자란 소는 암컷 220엔 38전, 수소 243엔 84전, 송아지는 암소 118엔 24전, 수소 94엔 75전이였다. 메이지(明治)부터 다이쇼를 걸쳐 마도위

(馬喰)는 나루토(鳴門)·아와지(淡路)에서는 중요한 장사였다. 다이쇼 말기부터 조선의 소가 수입 된 것을 보면 이 지역에서 많은 조선인들이 이주한 것이 아닐까라고 생각되어진다.

도쿠시마(徳島)공항에서 바로 북쪽에 있는 도쿠시마시 사토우라(里浦)지역에서는 예전부터 농경에 소를 사용해왔다. 스기우라 시게요시씨(杉浦茂吉 - 89살, 도쿠시마시 사토우라 거주)는 "어렸을 적 홋카이도(北海道)에서 말을 사서 농경 말로 7,8마리를 소유했었다. 쇼와(昭和)18~19년의 일이지만, 농가는 80채 정도 있고 소를 사용한 농가는 15채 정도로 나머지는 말을 사용했다. 말은 2,3년 지나면 마도위가 와서 데리고 갔다. 이 지구에서는 감자나 보리 등이 경작이 이루어지고 있었으며 농경 작업에서 소는 중요했다. 이곳에서는 6개월 정도의 송아지를 농가에 팔러 오는 전문 업자가 있었다. 그리고 그 소는 크게 자라면 2,000~3,000엔에 팔 수 있었다."라고 증언하였다.

사토우라 지구의 북쪽에 있는 오게(大毛)지구는 규모가 작은 시마토리(島取) 모래 언덕과 같은 모래밖에 없는 지역이 있다. 현재에도 감자나 보리를 경작하고 있다. 스즈키 기시오(鈴木岸夫 - 86살, 도쿠시마 시 오게 거주)씨에 의하면 개간을 시작했을 무렵의 농가는 한 채당 한 마리의 소를 기르고 있었다. 마도위가 이 지역에 6개월 정도의 송아지를 5~10마리를 데려왔다.

그렇게 1년이 지나 그 소를 길러서 모래사장에서 똑바로 걸을 수 있게 훈련시켜 농작 할 수 있을 정도로 크게 자라면 마도위가

2,000~3,000엔에 사러 왔다. 그 마도위는 사토우라에서 오게까지 오가곤 했다. 이와 같이 2, 3일 간격으로 오게지구의 농가는 송아지를 맡아 1년 반 정도 지나면 소를 사러 왔다고 한다. 60아르(1800평)~70아르(2100평)가 평균적인 농가의 크기로 1헥타르(3000평) 이상의 농가는 그다지 많지 않았다고 한다.

또한, 이 지구에서는 오이와케(追分)라고 하여 현재의 야마우에(山上) 병원의 뒤편에 말을 방목했던 장소가 있다. 그곳에는 돌담이 된 벽이 있고 그 바로 앞에 절구 모양의 지형이 있었다고 한다. 그곳에 말의 뼈를 버렸다고 전해진다.

그곳에서부터 더욱 북쪽에 있는 나루토 해협에 가까운 지구에서도 마도위가 송아지를 데려와서 농가에 맡기고 1년 후에 크게 자란 소를 사러오는 일들이 행해졌다. 그 지구에서의 청취 조사에서 마도위가 조선인이였다고 하는 증언이 있었다.

토산물 가게 후쿠이케(福池)상점의 후쿠이케 토모씨에 의하면 "사토우라에서는 마도위들이 많았고 조선인들도 많았다." 라고 말했다. 사토우라 지구에서는 농작에 말과 소를 6대 4의 비율로 이용했으며 밭은 말, 논은 소가 갈고 있었다. 마도위가 송아지를 데려와서 잠시 있으면 의사가 그 소를 거세하러 왔다. 소는 크게 자라면 다시 마도위가 와서 다 자란 소와 송아지를 교환하였다고 말했다.

또한 도쿠시마시 아와즈(粟津)지구는 밭이 없고 논이 많았기에 소의 교환이 이루어졌고 오쓰(大津)지구, 가와우치(川内)지구에서는 밭이 많았기에 말이 많이 교환되고 있었다. 그 중에서도 가와구치 지구는

종마종이 2마리 있고, 주변의 지구에서는 가장 말이 많은 장소였다고
한다.

도쿠시마시 주변에서 나루토에 이르기까지 경작물에 의해 소나 말
의 경작이 세분화되어 있었다. 나루토 지구에서는 특히 이와 같은
마도위 중에서도 조선인이 많았다고 하는 것이 복수의 증언에서 밝
혀졌다.

여기에서 다시금 홋카이도에 눈을 돌려보자. 무카와(鵡川)지구에
서 모친이 태어난 아시리레라(야마미치 야스코山道康子)씨의 어머
니의 아버지, 즉 아시리레라씨 어머니 쪽의 조부는 나루토에서 무카
와에 마도위로 이주했던 사람이다. 이주 후에 무카와에서 아이누 여
성과 결혼하여 아시리레라씨의 모친이 태어났다.

> "모친은 외가가 사할린 아이누로 친가는 조선인이었다. 이 조선
> 인인 부친은 나루토에서 마도위로 북해도 무카와로 와, 거기서 입
> 에 문신을 한 아이누 여성과 결혼했다고 한다. 그와 같은 조선인
> 마도위는 당시에 희귀한 것은 아니고 시즈나이(靜內)에도 많았다
> 고 한다."

이 아시리레아씨의 모친인 아버지가 무카와에서 거주했던 것은
1907년(메이지 40년) 전후이다. 또한 시즈나이에서도 많은 조선인이
마도위로 일했다는 것을 아시리레라씨는 증언하였다.

시즈나이의 개발은 목축업에서 시작되었다고 전해진다. 특히 시오

미(汐見)지구에서 농지 개간과 말과의 관계는 극히 밀접하고 메이지 말기에서 농작용으로 말이 사용되어 왔다. 한 마리 내지 몇 마리의 말을 방목하는 농가도 있었다고 한다.

다이쇼에서 메이지에 걸쳐서 시오미 지구에서는 말을 소유하는 농가가 더욱 늘어 쇼와 5~6년쯤에는 대부분의 농가가 말을 사육하였다. 당시에는 한 마리 70엔에서 90엔이었다고 한다.

또한 당시에 수십 마리의 홋카이도산 말을 사육했던 사람은 아이누의 사람이 많았다고 전해진다. 이때까지 보았던 것처럼 메이지 말기에서 다이쇼 초기에 걸쳐 조선 사람들이 마도위로 다수 나루토 지구에서 무카와로 이주했던 것은 극히 자연스런 이유로 생각된다.

아와지시마의 이나다(稻田)가 홋카이도 시즈나이나 니캇푸(新冠), 시고탄(色丹)섬으로 이주당한 것이 1870년(메이지 3년) 5월이고 필자의 조사의 초기 단계에서 밝혀진 조선인 2세대가 비라토리(平取)에서 아이누 여성에 의해 1870년(메이지 3년) 출산 된 사실은 이 이나다 가의 홋카이도 히다카(日高) 지방으로 이주 시기와 정확히 일치한다.

한편으로 1870년(메이지 3년)에 출생했다는 것은 부친이 되는 조선인 남성이 비라토리의 아이누 여성과 내연(당시에는 조선인의 남편은 정식으로 결혼 관계로 인정하지 않았다.) 관계는 어찌 보면, 시기로서는 1869년(메이지 2년) 이전이 타당하다고 생각되어지는 것이, 아와지 이나다가의 홋카이도 이주와 함께 조선인의 이주는 이 비라토리 마을에서 출생한 조선인 2세의 건과 관계가 없지 않다고 생각된다.

하지만 홋카이도의 토종말 산지에는 지금까지 보아 왔던 것과 같은 배경이 있고, 나루토·아와지에서 조선인이 마도위로서 홋카이도로 이주해 온 것은 역사적 사실로서 확인되었다고 생각된다.

제3장

근대기의 조선인 노무 동원과 아이누

크롬 광산과 조선인 노무자

홋카이도에 있어 조선인의 인구는 전장의 표2에 있는 것처럼 1911년의 5명에서 1917년에는 일거에 1,706명이 되었다. 이것은 홋카이도 탄광기사 주식회사(北炭)가 1917년(다이쇼 6년)부터 조선에서 노무자를 모집했던 것이 요인이다. 동년 미츠비시(三菱) 비바이(美唄) 탄갱(炭坑)에서도 조선인 고용을 시작하여, 1928년(쇼와 3년)에는 미츠이(三井) 계열의 탄광 9곳, 미츠비시 계열 4곳 외에 오쿠라(大倉) 계열, 스미토모(住友)계열, 도쿠다(德田)계열 등 각각의 자본 계열에 조선인 노동자가 있었다. 그 총수는 2,790명이며, 전체 노동자수의 13%가 된다. 이 외에도 탄광, 토목건축, 광산 등 각종 인프라 공사나 시국 산업에 많은 조선인 노동자가 일을 하게 된 것이다.

1938년(쇼와 13년) 4월 1일에 「국가 총 동원법」이 공시되어, 동년 5월 5일 칙령에 의해 조선, 대만, 사할린에도 시행되었다. 그리고 동년 9월 13일 각의결정 「쇼와 14년도 국가 총동원 실행계획에 관한 건」을 토대로 1939년 7월 4일에 「쇼와 14년도 노무 동원 실시계획 강령」이 각의 결정되어 제1차 노무 동원이 실시되었다. 이 노무 동원에는 '모집', '관 알선', '징용' 등의 3단계가 있었지만 '모집' 단계에서 이미 관이나 기업의 압력에 의해 강제적 '모집'이 이루어졌다는 것은 다수의 증언에서 밝혀졌다.

'집단 모집'의 실태를 알 수 있는 것으로, 예를 들면 「반도 노무자 근로현황에 관한 조사보고」에 이하와 같은 기술이 있다.

경찰이나 군장(郡長)을 통해 일을 하는 방법이 잘 이루어지고 있어 소위 모집책은 필요하지 않다. 그런 의미에서 더욱 철저하게 상의 하달하는 식으로 총독부의 노력을 절실히 바라고 있다.

또한 『석탄광업의 광원 충족의 사정 변천(石炭鑛業の鑛員充足の事情の變遷)』에 의하면 이하와 같은 '모집'을 실행하였다.

군에서 할당받을 때, 이미 동원 계획이 있어 부락에 몇 명 있는지 전부 알 수 있는 것 입니다. 남자가 몇 명, 여자가 몇 명, 몇 살부터 몇 살까지 몇 명이 있는지를. 그리하여 군에서 할당해 주면 면사무소와 주재소에서는 반드시 내지 않으면 안 되는 의무도 있는 것입니다. 담당자가 2명 정도 있어 면사무소의 노무 담당자와 주재원을 여관으로 불러서 하룻밤 간곡하게 간원하는 것입니다. 그렇게 하지 않으면 안됩니다. 때문에 홋카이도 특산물 등을 모아 어떻게든 가져가지 않으면 곤란합니다. 그렇게 하여 술자리를 마련하고, 그런 자리는 1회로 끝나는 것이 아닙니다. 두 번이 되던 세 번이 되던 고삐를 늦출 수 없는 선거와 같은 것입니다.(웃음)

이와 같이 '모집'이라고 하는 것이 동사무소 관리, 경찰관의 협력에 전면적으로 의존하고 있는 사실상 관의 알선이었다.

더욱이 1942년(쇼와 17년) 2월에 『조선인 노무자 활용에 관한 방책』이 각의 결정되어 석탄통제회·일본금속광업연합회(광산통제회)의 요청에 의한 '관 알선'이 시작되었지만 『조선인 강제연행 강제노동의 기록 -홋카이도·쿠릴열도·사할린 편』에 의하면 그 실태는 아래와 같다.

> 부산 해변에서 어업을 도와 일하고 있을 때, 지게를 짊어지고 역앞을 걷고 있었는데 모르는 남자가 잠깐 할 얘기가 있으니 따라오라고 하여 억지로 여관에 끌려왔다. 그곳에는 100명 정도의 남자가 있었다. 당시 나는 26세로 아내, 6살과 3살인 자식이 있었지만 사실을 알릴 수가 없었다. 홋카이도의 탄광으로 데려가겠다는 말을 들었다. 안 가면 타이완으로 보내겠다고 했다.
> 어떻게든 도망치려고 했지만 도망칠 수 없었다. 시모노세키(下関)에 도착하고 나서 기차에 실렸다. 우리들만을 위한 기차인 듯했다. 기차 출입구에는 계속 몽둥이를 든 보초가 두, 세 명씩 서 있었다. 도망치지 않도록 소지금을 빼앗겼다. 그래도 도중에 네댓 명 도망쳤다. 28일에 홋카이도 나이에(奈井江)에 있는 스미토모(住友) 탄광에 도착, 창에 쇠창살이 박힌 합숙소로 보내졌다.

그 후, 1944년 9월 「국민징용령」에 의해 동원계획 454만 2천 명 중, 조선인 32만 명 동원이 계획되었다. 노무자 동원은 징용 소집영장도 없는, 관헌에 의한 강제적인 것이었다.

오카다마(丘珠) 공사에 종사한 조선인의 이야기에, "어느 날 갑자기 조선에 있는 자택으로 일본 병사가 와서는 총검을 들이대는 바람에 화물차에 실려졌다. 이웃집에서도 젊은 남자들이 동원되었다. 몸치장도, 집에 있는 사람과 이야기 할 새도 없이 행선지도 목적도 알지 못하고 며칠이나 걸려 여기 왔다. 여기가 일본의 어디인지도 모른다." 같은 일본인 노무자의 증언에서는 "조선인은 어느 날 깃발을 세운 트럭 여러 대에 타고 건설 현장에 들어왔다."

일본 국내에서도 이른 시기에 같은 모습의 연행이 행해진 예가 있다. 1941년(쇼와 16년) 10월 경, 홋카이도 동부·오호츠크해와 마주한 오콧페(興部)와 오무(雄武) 중간의 사와키(沢木)라고 하는 곳에 조선인 감독 60명 정도가 합숙소에서 잠든 때를 틈타 헌병에게 습격을 당해 밤 10시 반경 맨몸인 채로 트럭에 실려졌다. 40여 명이 트럭 세 대로 실려져 온 곳이 게네베쓰(計根別)이었다고 한다. 총독부 통치하의 조선에서도 일어나고 있지 않던 일들이 중요 비행장의 건설지 주변에서 강행되고 있었던 것이다.

1941년 12월 8일, 싱가포르 점령과 진주만 공격에 의한 태평양전쟁이 발발하여, 이후, 일본 국내로의 조선인 노무자 공급을 위해 급히 1942년 2월부터 조선총독부 내에 설치된 노무협회 주체로 조선인 노무자의 공출 및 운송 사업을 일원화시켰다. 홋카이도 탄광 증기선의 조선인 노무자 모집은 "석탄통제회에서 모집 지역 할당 사무를 대행하게 되었고, 노무협회와의 긴밀한 제휴에 의해 각 업자가 희망하는 모집 지역, 할당 인원, 공출 일정 등의 사항에 관해 총독부와 절충하는데 노력했다."라고 하는 것이었다.

전쟁 시기, 무기·차량 제조 등에 빠질 수 없는 크롬은 군수자재로서 중요한 광물이었지만 특히 홋카이도산 크롬 광석은 당시 채굴되었던 돗토리(鳥取)·효고(兵庫)·교토(京都)·후쿠이(福井) 각지에서 난 광물과 비교해서 매우 고품질이었다. 또한, 그 산출량도 전국의 60%를 차지하고 있었다(표 4).

표4 홋카이도의 크롬 광산

연도	전국 산출량(톤)	홋카이도 산출량(톤)	전국 비율(%)
1936	38476	20259	52.7
1937	43118	23824	55.2
1938	47325	28421	60.0

삿포로 광산 감독국「홋카이도 광업일람」1936년, 1937년, 1938년 참고

표5 비라토리(平取) 정의 크롬 산출량

광산명	광업권자	1937	1938	1939	1942	1943	1944	1945
신닛토(新日東)	고토 합명회사	5318	5472	5721				
닛토(日東)	위와 같음	3439	4145	3678				
핫타(八田)	핫타 유마 (八田勇馬)	7570	10300	13434				
히다카노쿠니 시험 등록 제753호	히로세 히사오 (広瀬久雄)	459	-	-				
히다카노쿠니 (日高国) 시험 등록 제823호	도미모토 아사지 (富本朝二)	300	-	-				

히다카노쿠니 (日高国) 시험 등록 제901호	도미모토 아사지	-	208	-				
도미모토	도미모토 아사지	-	-	912	1188	21419	13230	10551
노리스나우치 (式沙内)	혼고토(本後藤) 합명회사	-	379	-				
합계	17086	20504	23745					
전국 비율	36.1%	43.3%	27.4%					

샷포로 광산 감독국 「홋카이도 광업일람」 1937년, 1938년, 1939년 총무청 통계국 「일본 장기 통계총람 제2권」1988년, 「비라토리초 백년사」 469페이지에 의해 작성

예를 들면, 홋카이도 비라토리초의 크롬 광산은 표5에 표시된 바와 같다. 고토 히코사부로(後藤彦三郎)가 1918년 5월에 설립한 닛토(日東) 광산이 효시가 되어, 계속해서 1931년의 신닛토(新日東) 광산 대강체(大鋼体)의 발견에 따라 1933년에 고토는 혼고토(本後藤) 합명회사(合名會社)를 설립한다. 또, 일본 최대의 크롬 산출 광산인 핫타(八田) 광산이 1936년에 개설되었다.

게다가 조선인 기무라(木村)가 발견했다고 여겨지는 도미모토 누카바라(富本糠平) 광산은 전국 제일의 우량 광산이라고 불리는 등, 홋카이도에서도 비라토리는 크롬 광산의 밀집 지대였다.

이들 크롬 광산에 조선인이 종업하고 있었다는 기록이 있지만 신닛토 광산 이외는 조선인 노동자 수가 기록되어 있지 않았다. 그러나 닛토 광산에서 최전성기에는 150~200명 정도의 조선인이 있었다고 하는 증언이 있다. 핫타 광산에서는 조선인 방이라고 불리는 조선인 전용 합숙소가 10동 존재, 그곳에서는 1동당 6~10세대가 거주하고 있었다고 한다.

후술하는『향토사 후레나이(振內)』집필에서 필자의 청취 조사에 의해 핫타 광산에는 200명 이상의 조선인이 있었다는 증언도 있었다. 그리고 종전 시(終戰時), 천황의 방송 종료와 동시에 연합군 총사령부(GHQ) 조사가 있다는 정보에 의해 핫타 광산에서는 모든 서류를 소각했다고 하는 당시 사무원의 증언이 있다.

실제 조선인 종업자 수에 관해 정확한 기록은 없지만 수많은 증언과 전후 정착화 실태로 봐서 상당수의 조선인 노동자가 있었다는 사실은 확실하다.

크롬 광산에서 일하고 있던 조선인은 탄광에서 일하고 있던 조선인 노동자처럼 지나치게 혹독한 상황은 아니고 노동으로 인해 사망한 희생자도 많지 않았다. 가정을 꾸려 그곳에 정착하고 있는 예도 있었다. 다만, 후술하는 것처럼 핫타 광산에서 사망자가 1명 있었다는 사실을 매화장인허서(埋火葬認許書)에서 알 수 있었다.

표6 조선인 노동자 지역별 사업 및 인원 상황

	핫타 광산	도미모토 누카비라 광산	혼고토 공업 신닛토 광산
1939~1941년도 승인 수			40
1939년도 이입 실제 수			20
1942년 3월 말 이입 실제 수			20
1942년 6월 이입 실제 수			20
1941년 5월 현재 수			20
1942년 3월 말 현재 수			16
1942년 6월 말 현재 수			17
1943년 5월 말 현재 수		39	16
1945년 1월 활동 인원 계획 수		50	50

『홋카이도와 조선인 노동자』176~177페이지에 의해 작성

철도부설(도미우치선富內線)과 조선인 노무자

전쟁 당시 홋카이도에서는 중요한 시국 물자였던 크롬 운반을 위한 철도망 부설이 급선무였다. 홋카이도 광업 철도가 1922년(다이쇼 11년)부터 이듬해에 걸쳐서 개업하고 있던 가나야마선(金山線 -누마노하타沼ノ端 ~ 헤도나이辺富内)은 크롬 운반을 위해서 호로케시(幌毛志)까지 연장되어 1941년(쇼와 16년) 1월 헤도나이~호로케시 간의 철도부설이 착공되었다.

공사는 1942년부터 1943년까지 철도공업 주식회사와 가와구치구미(川口組)가 도급받아 행해졌다. 1944년부터는 군의 조기 개통 요청이 더해져, 지극히 위험성이 높은 구간이었던 지점부터 군 직할로 시공되었다.

그러나 팽창성 토질이라는 사실과 용수 등의 장애가 있어 1944~1945년 1월에 네 군데의 갱도 공사를 중지했다. 공사가 재개된 것은 종전 후, 1946년 1월부터였지만 1948년 9월에 연합군 총사령부의 지령에 의해 중지되었다. 그러나 1953년 2월부터 신규 착공 노선으로서 채택되고 1956년 8월부터 공사가 재개, 1956년 11월에 완성되었다. 전쟁 시기 크롬 운반을 위해 부설되었던 도미우치선은 결국 크롬을 운반하지도 못하고 전후에 개통되었으나, 끝내 폐선 되고 말았다.

이 헤도나이~호로케시 간의 터널 공사에도 수많은 조선인 노무자가 강제적인 노무에 종사하여, 희생자를 냈다고 여겨진다. 마을 도로 131호선과 프로케시 오맛푸 천을 따라 호로케시 일대는 일찍이 조선인 숙사와 합숙소가 지어져 있었다. 그러나 그 사실이 비라토리초의 '향토사'에 기술된 적은 없었다.

표7 이부리(胆振)·히다카(日高) 지구 철도 공사

노선명과 관계 지구	공사명 및 내용	착공 시간	비고
이부리·헤도나이선~ 도카치(十勝)	헤도나이선 제3 공구(工區)	1941년 1월~	지자키구미(地崎組)
무카와(鵡川)	토미시로(富城)· 무카와 간	~1943년 11월	국경·호로케시 간 토목공사 미완, 후레나이·미카게간 미착공
호베쓰(穂別)	헤도나이· 미카게(御影) 간	~(1945년 8월)	

「홋카이도와 조선인 노동자」 338페이지에서

비라토리초의 매화장인허증을 둘러싼 기록과 표상

1943년(쇼와 18년) 4월 24일 비라토리초 야쿠바(役場 -지방 자치단체 사무소)의 실화로 124채가 타버리는 대형 화재가 발생했다. 이때 마을 문서의 반이 소실되었는데 1944년에서 1946년 사이 비라토리초에서 매화장된 조선인 11명의 매화장인허서가 현존하고 있다. 이 인정서는 필자가 비라토리초 후레나이의 『향토사 후레나이』의 집필 의뢰를 받아 당시 비라토리초 직원에 의해 제공받은 것이다.

현존하는 매화장인허서(埋火葬認許書)에 기록된 11명의 조선인들 중 호로케시 터널 공사와 누카비라(糠平) 광산 관계로 사망했다고 여겨지는 사람은 9명이다. 그 9명의 매화장인허서에서 1944년~1946

년 당시의 비라토리초(당시는 비라토리무라)의 조선인 상황을 기술한다. 더욱 매화장인허서에 있는 다른 2명에 대해서는 현재도 유족이 재주하고 있다고 생각되므로 여기에서는 언급하지 않기로 한다.

매화장인허서에서 알 수 있는 것은, 당시 비라토리 대자(大字) 포로케시 오맛푸 혹은 그외 가와구치구미 숙소가 있어, 토목공사 인부가 1944년~1945년에 5명이 사망했다는 것이다. 그 외에 태어난지 얼마 안 된 영유아도 포함되어 있었다는 사실에서 가족 전체가 이주해 있었다고 생각된다. 또 야에다 광산 내의 사망자는 여성이다.

당시 크롬 광산에는 여성이 일하고 있었고 노동자의 약 절반에 가까운 수가 여성이라는 것도 크롬 광산의 특징이다.

누키베쓰 누카비라(貫気別糖平)에는 누카비라(糖平)광산이 있어 조선인 노동자도 있었지만, 이곳의 사망자는 액사(縊死 -스스로 목을 매어 죽음)한 것으로 되어있다. 사망 당시의 나이는 46세로 당시로서는 가장 많은 나이였다.

조선인 사망자를 본적별로 보면, 경상북도 4명, 경상남도 1명, 전라남도 1명, 경기도 경성부 2명, 평안북도 1명, 황해도 1명, 충청남도 1명이고, 전체 수가 적은 것에 비해 본적은 폭 넓게 퍼져있으며, 현재는 조선민주주의 공화국인 황해도가 본적인 사람도 있다.

토공의 사인은 급성 폐렴 2명, 급성 황달, 만성 대장 카타르 겸 심장 판막증, 중독, 카타르성 황달, 액사, 심장병 등으로 기록되어 있다. 연령대는 20대 4명, 20대 2명, 40대 1명, 태어나서 바로 죽은 아기가 2명이다. 극히 한정된 지구에 있어서 불과 2년간의 사망자 수로서는 적다고 할 수 없다. 가혹한 노동 상황과 열악한 주변 환경에 놓여 있었다는 추측이 가능하다.

가와구치구미(川口組)로 말할 것 같으면, 1944년 11월부터 1945년 12월까지 고작 1년 사이에 무로란(室蘭)에서 969명의 중국인 노동자 중에서 311명의 사망자가 나왔다. 당시 중국인 노동자가 사망하면, 그 시신을 중국인 숙소에서 이탄키하마(イタンキ浜)까지 운반하여 처음에는 화장시켰다. 그러나 화장할 장작이 없어지자, 그대로 해안이나 숙소 근처에 시체가 방치되었다고 한다.

그 중에서 매화장인허서가 있는 사람은 170명, 없는 사람은 141명이다. 무로란 외에 다른 사무소로서는 〈제1화공(第一華工)〉, 〈제2화공(第二華工)〉, 〈제3화공(第三華工)〉, 〈철도공업(鐵道工業)〉이 있었다. 그들 사무소에서의 사망자 중 매화장인허서가 없는 사망자는 각각 2명, 1명, 4명, 2명이었다. 매화장인허서가 없는 중국인 150명 중 141명이 가와구치구미에서 일하고 있었다. 이 정도로 비참하고 가혹한 노동 상황과 희생자에 대한 비정한 취급을 하고 있던 가와구치구미가 비라토리의 포로케시 터널을 담당하고 있었던 것이다. 원래는 지자키구미(地崎組)가 담당하게 되었지만, 가와구치구미가 하청을 받아 실제 현장에서 노무자들에게 일을 시키고 있었다.

후레나이 향토사 편집 위원회는 비라토리초에서 200만 엔 조성금을 받았고, 2006년 5월에 필자는 이 집필을 의뢰받았다. 상기의 매화장인허서의 제공을 받고 사실에 대해서는 분명히 밝히고 기록하는 것을 조건으로 집필 의뢰를 수락했다.

2006년 9월에는 제1회 『향토사 후레나이』 편집 위원회가 개최되었다. 문화부, 산업부, 교육부 등 각부 회의 책임으로 청취를 실시, 필자에게 테이프를 송부할 계획이었지만, 테이프가 보내져 온 것은 산업부에서 딱 한 번(더구나 좌담회 형식에서 누가 무슨 말을 하는지 전혀 알아들을 수 없는 상태)뿐이고, 다른 부회(部會)에서는 전혀 자주적인 청취는 행해지지 않았다. 이쪽에서 직접 가서 청취를 실시하고, 각 부의 협력을 얻는 것이 곤란함에도 불구하고 1년 반이라고 하는 단기간에 필자는 2008년 3월에 360장 정도의 원고를 편집 위원회에 건네주었다.

같은 해 11월 27일까지 편집 사무소에서 연락이 오지 않았고, 11월 27일에 소집된 편집 위원회에서는 필자가 집필한 원고의 일부가 현저하게 바뀐 이상한 원고가 제출되었다. 이 일에 대해 이의를 제기하고 후레나이 공동묘지의 조선인 매화장인허서의 사실에 대해서 기술해야 한다고 적었다.

편집 위원회는 "이러한 문제가 밝혀지면 국제 문제가 되고, 유골 발굴 등을 하게 되면 민폐"라고 확실히 밝혔다. 많은 지자체에서는 현재에 이르기까지 조선인에 관한 역사적 사실을 공적 기록으로 기술하는 것은 집요하고 주도면밀하게 배제되어 왔다.

하지만 그것이 모두 없다고 할 수는 없다. 홋카이도에서는 아사지노(浅茅野) 비행장 건설이 행해진 사루후쓰무라(猿払村)에서 『사루후쓰무라사(猿払村史)』에 근로 동원되어 희생당한 조선인을 포함한 모든 매화장인허서가 있는 노동자를 기술한 귀중한 예가 있다. 또

사진 8
후레나이 공동묘지의 무연비
(니치렌슈日蓮宗)

사진 9
비라토리가 건립한 후레나이 공동묘지의
「무연고자의 비」

사진 10
후레나이 공동묘지의 무연비와 「무연고자의 비」

근래 발간된『지토세시사(千歲市史)』도 지토세 비행장 건설에 있어
조선인 노무자의 존재를 기술하고 있다. 지역에 따라 부담이 되는
기억을 기록하고 계승해 나가기 위해서는 많은 어려움이 따른다.

『향토사 후레나이』는 2010년 3월에 발간되어, 조선인 희생자가 후
레나이 공동묘지에 매장되어 있는 사실에 대해 기술하고 있다. 비라

토리초에서는 2010년 3월에 후레나이의 공동묘지에 「무연고자의 묘」를 건립했다. 지금까지 그 주변에 있는 「남묘호렌게쿄(南無妙法蓮華經)」을 적은 석비가 마을의 무연비라고 비라토리초의 직원은 설명했지만, 실제로 그것은 마을이 건립한 것이 아니고 니치렌슈(日蓮宗)의 유지가 세운 것이었다. 향토사 편집에 있어 충분한 이해와 협력을 받았다고는 말하기 어렵고, 지금도 많은 사실이 밝혀지지 않았다.

비라토리 프로케시오맛프(ポロケシオマプ)에 있었던 가와쿠지구미에서는 다수의 조선인이 일하고 있었다고 생각되지만 매화장인허서에 있는 사망자는 소수에 불과하다.

무로란의 예와 같이 인허서가 없는 희생자가 많이 있을 거라고 생각한다. 실제 다수의 조선인 희생자의 시체를 근처 주민이 목격했다는 증언이 있고, 또 아래와 같은 중요한 증언도 있다.

후레나이(振内) 공동묘지를 정비(整備)하던 업자(業者)가 불도저로 땅을 정비하고 있을 때, 누구 것인지 모를 유골이 대량으로 나왔다고 한다. 건드릴 수도 없을 정도의 너무나 많은 양의 유골이라 불도저로 그대로 묻어, 산으로 만들었다고 한다.

자신은 그 업자로부터 직접 들었지만, 이미 그 사람은 20 몇 년 전에 돌아가셨기에 이 사실을 알고 있는 건 자신뿐이지 않을까 싶다.

대량의 유골이 묻혀 있다고 하는 그 장소는 후레나이 공동묘지의

중앙 부분에 위치해 있고, 비라토리초(平取町)와 니치렌슈(日蓮宗)의 무연비(無縁碑)로부터 30미터 정도 떨어진 장소에 있다. 직경 2미터 정도로 약간 높게 만두 모양으로 쌓아 올린 흙은 풀과 작은 나무로 덮여 있다. 후레나이 공동묘지와 가와쿠치구미(川口) 합숙소는 무로란(室蘭)의 중국인 노무자 합숙소와 인타키해변(インタキ浜)까지의 거리와 비슷하다. 여기에 조선인이나 다코베야(タコ部室)* 노동자의 시체가 매화장인허서도 없이 묻혀 졌을 가능성이 극히 높을 것으로 생각된다. 이 증언에 따라 필자는 바라토리초 공개 조례(條例)에 입각하여 「사료(史科) 6」을 비라토리초장에게 제출했다.

이 문서에 대해 비라토리초는 비라토리혼초와 니부타니(二風谷) 공동묘지에 관해서는 묘지정비조례 시의 보고서를 개시했지만 이케우리(池売)와 후레나이의 묘지에 대해서는 각각 2008년, 2010년에 건립한 무연비의 사진이 제출되었을 뿐이다. 비라토리초는 묘지정비조례 시의 상황이나 발굴된 유골의 상태와 수 등의 보고서는 일절 없으며, 현재는 존재하지 않다고 말하고 있을 뿐이다.

---

* 다코베야(タコ部室): 제2차 세계대전 전에, 홋카이도와 사할린의 공사 현장이나 탄광 노동자의 열악한 합숙소.

사진 11

후레나이 공동묘지 내 대량의 유골이 묻혀 있다고 하는 장소

2013년 7월 30일

비라토리초장 가와카미 미쓰루(川上滿) 귀하

도마코마이 고마자와대학 국제문화학부

준교수 석순희

거두절미하고 실례하겠습니다.

비라토리초의 정보 공개에 관한 법률 규정에 근거해 다음과 같이
요청합니다.

2008년 국회에서 아이누 민족이 선주민이라는 것을 공식 인정받았
습니다. 비라토리초에는 오래전부터 아이누 민족의 마을이 있었고,
사루강(沙流川) 유역(流域)이 아이누 민족과의 공생지(共生地)라는
것은 비라토리초의 공적인 역사에서도 많이 기록되어 있습니다.

가미누키베쓰(上貫気別)는 아이누 민족이 니캇푸(新冠)에서 강제
이주 당한 장소라는 것이 『비라토리초 백년사(平取町百年史)』에서
도 상술(詳述)되어 있습니다. 현재, 아사히지구(旭地区)로 되어있는
아이누 사람들의 옛 묘지는 유골이 발굴되는 일 없이 옛날 그대로 유
지되고 있으며, 1990년에는 「구 가미누키베쓰 묘지(旧上貫気別墓
地)」라는 비석이 세워져 있습니다. 그 비문에는 이 땅에 강제 이주된

아이누 민족의 역사적 경위와 함께 추도(追悼)의 의미가 새겨져 있습니다.

이 비석이 세워지게 된 경위에 대해서는 1988년 12월 비라토리초 정기 회의에서 「아이누 문제에 대해」라는 제목으로 모리 의원(盛議員)의 질문이 있었고, 당시 비라토리초장이 선처하겠다고 답했습니다. 이 질의응답으로부터 1년 반 뒤, 아사히 지구에 추도비가 건립된 것입니다. 이러한 역사적 사실에 대해 비라토리초는 공적인 기록과 함께 기념비를 건립해, 공공의 기억으로써 계승하고 있는 것은 상당히 중요한 대처라고 생각하고, 그러한 태도에 경의를 표합니다.

또, 니부타니지구의 공동묘지에 대해서도, 묘지 정비 사업으로 인해 현재 댐이 생긴 지역에서 지금의 공동묘지로 아이누 사람들의 시체가 이장된 경위에 대해, 니부타니 부락의 유지 일동이 건립한 추도비가 있습니다.

비라토리혼초의 공동묘지 옆, 요시쓰네(義経)공원의 1지구에 유지에 의해 건립된 다양한 「무연비(無縁碑)」가 존재합니다. 이 위령비(慰霊碑)에 관해서는 어떤 유골을 매장하고 있는 것인가에 대한 설명도 없고, 이 비석이 세워진 경위에 대해서도 전혀 쓰여 있지 않습니다. 마을의 역사 등에도 기술되어 있지 않고, 당시의 사정을 알고 있는 사람들도 점차 줄어, 마을의 중요한 역사적 사실이 묻혀 버리는 것이 안타깝습니다.

마을 사람 유지 일동이 건립한 것이라고 하더라도 마을 소유의 땅에 건립된 것이고, 매년 이 위령비 주변의 제초 또한 마을 예산으로 행해지고 있으므로, 이것이 어떠한 비석인가에 대해서는 마을에서 관리하고 있다고 생각합니다.

그러나 제가 마을의 관청을 방문하여 신고(届出)에 대해 문의하였을 때, 마을에서는 어떠한 신고도 들어오지 않았고, 당시의 자치회에서도 신고하지 않은 채로 세웠다고 하는 대답이었습니다. 신고가 없는 경우, 마을 사유지에 세워진 비석은 철거돼야 합니다. 위령비를 마을의 허가 없이 세울 수도 없으며, 가령 세워졌다고해도 철거하지 않고 제초 등의 관리까지 마을의 예산을 쓰면서 행해지는 것은 전혀 이해할 수 없는 일입니다.

후레나이의 공동묘지에는 1943년부터 1946년까지의 비라토리무라 사무소(平取村役場) 매화장인허서에 의해, 다수의 조선 반도 출신자의 유골이 매장되어 있습니다. 사망 장소는 "프로케시오맛프(ポロケシオマプ)", "가와구치구미우치(川口組内)", "프로케시오맛프 (ポロケシオマプ)" 등으로 기재되어 있습니다. 이것으로부터 호로케시(幌毛志)의 터널 및 철도공사에 종사한 토공부(土工夫)라는 것을 알 수 있습니다. 프로케시오맛프 일대는 조선인 노동자가 수감되었던 숙소가 있던 장소입니다. 이 사람들의 유골이 후레나이 공동묘지에 매장되어 있는 것은 확실하고, 본적지(本籍地)도 명백합니다.

1970년대 후반에 후레나이 지구의 묘지 정비의 정지 작업 때 대량의 유골이 발굴됐지만 그대로 불도저로 모아 무덤으로 만들었다는 증언도 있습니다. 후레나이 공동묘지에는 오래전부터 니치렌슈(日蓮宗)의 무연비(無縁碑)가 존재하고 있습니다만, 2010년 3월에 비라토리초가 무연고자의 비를 건립했습니다. 대량의 유골이 그대로 묻어진 무덤은 현재도 공동묘지 안에 존재하고 있고, 그 진위에 대해서도 조속히 조사를 진행해 주시기를 바랍니다.

아울러 이케우리 공동묘지에는 2008년 3월에 비라토리초가 무연비를 세웠습니다. 히가시카와초(東川町)에서는 마을이 조선인 희생자의 위령비를 세우고, 2013년 8월부터 유골 발굴 조사가 시작됩니다.

이상으로, 비라토리초에서 알 수 있는 모든 정보 제공을 요청드립니다. 따라서, 비라토리초가 보유하고 있는 정보 공개에 관한 법률 제15조례 3페이지의 규정에 준해 아래와 같이 신청합니다.

1. 비라토리초 묘지정비조례에 관한 규정 문서
2. 상기 조례에 근거해 실시된 비라토리초, 후레나이, 니부타니, 이케우리 각 지역의 공동묘지 정비 예산, 정비 청부업자명, 정비 실시 상황보고서

이상(以上)

아이누 취락에 조선인 정주화 과정

전 장에서 확인한 것처럼, 에도막부 말기나 메이지 초기의 비교적 이른 시기에 인정받은 조선인의 홋카이도로의 이주에 이어, 홋카이도에서 조선인 이주자가 증가한 것은 일본이 조선을 식민지화한 1910년대부터이다. 그리고 홋카이도의 조선인 인구가 비약적으로 늘어난 것은 홋카이도 탄광기선이 노무자를 모집한 1917년(다이쇼 6년)부터지만, 이 시기에 이주했다고 여겨지는 조선인이 아이누와 접촉, 정주화 해 가는 몇 가지 예를 볼 수 있다.

필자의 청취 조사에 의하면, 당시 아이누 고탄에서는 아이를 양육할 수 없게 된 왜인이나 조선인 등이 아이누 사람들에게 그 양육을 맡기거나 아이가 없는, 혹은 적은 아이누 가정에 자신의 아이를 양자로 넘겨준 예가 허다했다. 또한 아이누 친척 중에서도, 아이가 없는 형제자매의 가정에 자신의 아이를 양자로 보내는 일도 많았다고 한다.

옛날, 젊은 부부가 개척을 하겠다며 찾아왔기에 열심히 잘해보자고 했다. 첫 겨울이 오고 머지않아 눈이 내리고 땅이 얼었다. 태어난 아이를 아이누 집 앞에 누더기 조각으로 싸서 두고 가버렸다. 아이누 집의 개가 많이 짖어 할머니가 이상하다고 생각해 밖으로 나가 보니, 아기가 있었다. 이때, 아이누는 분명히 카무이(신)가 내려 주신 선물이라 말하며 받아들여 젖을 먹이고 아이누어로 키웠다고 한다.

호베쓰(穗別)에서 태어난 T씨는 어린 시절, 아이누 집의 양녀로 보내졌다. 실제 부친은 조선인이고, 모친은 아이누다. 실제 부친이 조선인이라는 것을 안 것은 중학생 시절로, 외국인 등록을 위해 지문날인을 한 때였다. 조선인 부친이 어떻게 일본에 이주해 왔는지에 대해 T씨는 듣지 못했다지만, 1940년(쇼와 15년) 출생인 T씨의 부친은 적어도 1910~20년대에는 홋카이도에 이주해 왔다고 생각한다. 이 시기는 소위 '강제 연행'의 시기는 아니지만, 고향인 조선에서 생활을 유지하는 것이 곤란해 일본으로 이주해 온 것이라고 추측할 수 있다.

조선에서 홋카이도로 건너 간 조선인 남성이 아이누 여성과 친밀한 관계를 갖고 정착화 해 간 예는 지금까지의 청취 조사 증언에서도 적지 않다.

부친은 절대 그런 일(일본 올 때의 일)을 털어 놓을 사람이 아니었다. (중략) 남동생과 둘이 왔다고 했기 때문에. 강제 연행이라고 생각한다. 그런데 일을 하면서, 힘들어 남동생과 둘이서 삽 한 자루씩을 훔쳐 강을 건넜단다. 그 강을 건너니 일본인이 뒤쫓아 오지 않아 산속에서 하루 이틀 있다가, 어딘가의 부락에 가서 열심히 일하면 어떻게든 되겠지라는 생각에 갔다고.

또한, 현재 비라토리초 니부타니에서 아이누 문화의 전승자로서 활약하고 있는 K씨의 부친은 17살에 홋카이도에 이주해 온 조선인이다. 1914년(다이쇼 3년)에는 이미 홋카이도 호베쓰 근처에서의 족적이 확인되어, 통계에 나타나는 이른 시기의 조선인 중 한 명이기도 하다. K씨의 부친은 홋카이도 각지를 전전하며 비라토리초 니부타니에 정착했다. 잡화상이나 엿 가게 등을 하며, 아이누 가정의 양녀가 된 일본인 여성과 결혼했다.

아이누 가정에서는, 버려진 아이나 생가에서 키울 수 없게 된 아이를 떠맡아서 소중히 키웠다고 한다. 그 중에는 쌀 한 되와 함께 버려진 아이를 아이누 가정에서 키운 적도 있었다. 그리고 전술한 T씨의 생가에선 모르는 형제가 버려져 있어, 그대로 T씨의 집에서 키웠다고 한다.

본 적이 없는 형제라고 하는 사람이 3년 전에 죽었지만. 그 사람은 말이지, 지토세(千歳) 쪽에서 행상을 다녔대. 농가에는 쌀뿐만이 아니라 곡물 등도 있잖아. 그리고 옛날에는 특히 옥수수나 야채나 산나물까지도 보존식품으로 담궜지. 그러니까 물물교환이야. 아이를 데리고 다니는 그런 사람이 많이 있었어.

나도 양녀로 보내졌지만 오빠와 언니가 두 명 있었어. 아무리 봐도 얼굴 생김새가 다른 형제가 있었어. 그 이유에 대해 모친이 쌀한 되를 줄 테니 어떻게든 아이를 좀 맡아 달라며, 안쪽에 잠깐 물건을 팔고 오겠다더니, 그것을 마지막으로 돌아오지 않아서 그대로 맡겨진 것 같아.

아이누 여성과 맺어져 아이누 취락에서 정착한 조선인 남성은 1910년대 이후 점점 증가하여 지역에 동화해 갔지만, 그 자손들은 심한 차별을 경험하게 된다. 그러한 조선인 부친을 가진 아이누 아동은 T씨가 다녔던 소학교에서도 적지 않았다.

소학교 시절에는 말이야, 모두 내가 학교에서 돌아오면 양자, 양자라고 업신 여겼어. 집에 돌아와서 부모님은 제대로 가르쳐 주지 않으니까 할머니에게만 물었어. "나한테 손가락질 하면서 너는 이래라고 하는데, 무슨 뜻이야? 또 양자는 무슨 말이야?"라고 물었더니, 이러저러하니 그런 말에 현혹되면 안돼. 그런 아이는 집집마다 셀 수 없이 많으니까.

아이누라는 것이 홋카이도 호베쓰 지방에서는 차별받을 요인은 아니었다. 혼슈(本州)로부터의 이주자도 있고, 토지를 가진 아이누와 가정을 꾸린 일도 많았기 때문이다. 하지만, 아이누 안에서도 조선인 선조를 가진 것에 대한 차별은 분명하게 있었다고 T씨는 인식하고 있다. T씨의 자매도 시집 간 곳에서 절반이 조선인이 선조인 것으로 모욕 받아 왔다고 한다.

역시 뭐라고 할까, 조선인이라하여 손가락질 받는 것이 가장 싫었다네. 혼슈 쪽을 그 시절에는 본토, 본토라고 말했지만 그쪽에서 온 사람들이 결혼한 사람들에게 그다지 참견하진 않지만, 아이누 아이누라고 하는 사람은 마을에라도 가지 않으면 없기 때문에, 우리들이 자랐던 농가 같은 곳에서는 별로 듣지 못했어. 하지만, 조선인이라는 것은 들었어. 중학생이 되어 키워 주신 부모님에게도 들었어.

내가 직접 듣지는 않았지만, 언니가 시집을 가서도 "조선 아이누 따위, 그 쪽에는 없지." 라는 말을 들은 적도 있다고 말했다. (중략) 언니에게 그런 말을 한 사람은, 어디에선가 온 사람이래. 행상을 하러 온 사람에게 쌀 한 되에 현혹 되었다고, 지금은 아름다운 사모님이 되어 있지만.

T씨가 실제 부친이 조선인이라는 것을 안 것은 중학생 때, 교장의 호출로 교무실에 불려가 지문 날인을 한 때였다. 그 일로 T씨는 마음에 깊은 충격과 함께 강한 결의를 다지게 되었다. 그때 이후, T씨는 단연코 '귀화' 해서 일본인 이상의 일본인이 되자고 맹세했다고 한다.

중학교 1학년이 되어, 직원실에 불려간 거야. 교내 방송으로 이름을 불렀어. 사무적으로 볼 일이 있으니 직원실에 와 달라고. 무슨 일로 부르는 것인지 잘 몰랐어. 뭔가 나쁜 일이라도 있는 걸까라며, 바로 여러 가지 생각해 보았다. 언제나 부모님은 그런 모든 것이 스스로 재미없으면 아이들의 탓으로 화를 냈으니까. 나도 아무 나쁜 짓을 하지 않는데 어째서 불린 걸까, 라는 느낌으로 갔어.

그러자 "너는 일본인이 아니니까 사무소에 가서 이런 것을 받아오지 않으면 안 돼."라고, 담임이 아닌 교장이 말했다. (중략) 내가 가장 최초로 귀화했을 거야. 절대 싫어, 절대 귀화할 거라고 마음먹었다. (자신이 조선인이라는 것을 알았을 때는) 그때는 말이야. 아버지를 증오했어.

사춘기가 시작된 시기에, 범죄자에게만 행해지는 지문 날인이라는 굴욕적인 행위를 강요받는 것은 인생에 있어서 심각한 트라우마를 남기게 되었다.

T씨는 결혼 후에 귀화 신청을 했지만 신변조사라고 칭해지는 공안 부근의 탐문 등이 행해졌다. 이런 것이 얼마나 재일 외국인에게 정신적 억압으로, 인권을 유린하는 것인가에 대해 대부분은 알지 못했다. 또한 현재도 재일 외국인은 외국인등록법이라는 전제하에 범죄자의 의무인 지문 날인이 행해지고 있다.

전전, 전쟁 중에 아이누 여성과 가정을 꾸린 조선인 남성 중에는 조선에 처자식을 남겨두고 일본에 와 있는 케이스가 적지 않아 전후, 아이누 여성인 아내와 그 아이를 일본에 남기고 한국으로 귀국하는 예도 있었다. 한편으로는 한국에 남겨진 처자식과 이별하고 일본에서 영주하는 조선인 남성도 존재하고 있어, 이산가족의 비극이 생긴 것도 확실하다.

청취에 의해 알 수 있었던 수많은 증언에서 아이누 사람들은 자신이 아무리 곤궁에 처해 있어도 버려진 아기를 '신이 내려 주신 것'

으로 소중하게 받아들여, 기르고 있었던 것은 사실이다. 당시는 왜인(일본인)의 아이를 기르는 것에 대해 아이누 가정에서도 긍지를 가지고 있었다고 하는 것이 신문 기사에도 기록되어 있다.

이러한 경위에 따라, 1910년대 이래에는 조선인과 왜인, 조선인과 아이누 민족에는 깊은 유대가 형성되어 있었으며, 아이누 부락에서의 조선인 정주화도 정착되었다고 생각된다.

강제 연행·강제 노동으로부터의 도망

1938년(쇼와 13년) 4월 1일에 공표된 「국가총동원법」은 5월 5일 칙령에 의해 조선·대만·사할린에서도 시행되었다. 1938년 9월 13일 각의에서 결정된 「쇼와 14년도 국가 총동원 실시계획에 관한 건」에 기인하여 1939년 7월 4일에는 「쇼와 14년도 노무 동원 실시계획 강령」이 각의 결정되었다. 노동 근무 동원의 구체적인 방법은 '모집', '위안부', '징용' 이렇게 3단계가 있지만 그 실태는 '모집'에서 '위안부' 단계까지였다는 것은 앞서 기술한 바와 같다.

1939년 이후에 홋카이도로 연행된 조선인들은 가혹한 노동 현장에서 탈출하는 사람이 많았으며, 그런 사람들이 아이누에게 보호나 지원을 받은 사례가 많이 존재한다. 이하 그들의 증언을 기록한다.

우선 『홋카이도 신문』에 소개된 예로서 정철인(鄭哲仁)씨의 증언을 소개한다. 정씨는 1942년 조선 인천에서 홋카이도 히가시카와무라 애오로시의 발전소 건설공사로 연행되었지만, 1943년 5월에 "인간으로서는 생각하지도 못할 학대와 혹사, 조선인 멸시를 견딜 수 없어" 동포 한 명과 봉기를 일으켰다. 이 사건으로 정씨는 삿포로 재판에서 징역 6개월과 집행유예 2년의 유죄판결을 받는다. 그 후 정씨의 일행들은 현장으로 돌아갔지만 얼마 안 되어 헌병대가 취침하는 시간을 노려 습격을 가했다. 정씨는 탈주했지만 그를 제외한 두 명은 어딘가로 연행되었다.

아이누 민족의 집에서 숨어 지내면서 네무로(根室) 이와미자와(岩見沢) 등 도내를 전전했다. (중략) 산을 몇 개나 넘고 아이누 가족의 도움을 받아 히다카(日高)의 닛토(日東) 크롬 광산에서 일하고 있는 동포의 숙소로 안내되었다. 아내도 있는 동포의 소개로 닛토 광산에서 일하게 되었지만, 어느 나이 많은 광부가 시마마키(島牧) 망간 광산으로 가도록 추천해 가능한 멀리 도망치기 위해 가기로 했다.

오은섭(吳銀燮)씨는 1942년 강원도에서 관의 알선으로 메이지광업소와 탄광에 연행되었다. 각혈을 하는데도 불구하고 탄광 노동을 강요당해 오씨는 도주했다.

도주하고 나서 수첩은 없었지만 일본어를 할 수 있었기 때문에 켄부치(劍淵)의 사핫킨산(砂白金山) 사무소를 방문하여 그곳의 노무자 합숙소에 들어가 일하였다. 하지만 도주한 탄광과 너무 가까웠기 때문에 기타미(北見) 도로 공사 현장으로 갔다. 한 달 정도

3장 근대기의 조선인 노무동원과 아이누   79

히다카의 아이누 집에 신세를 지기도 하고, 오지제지(王子製紙)에서 일한 적도 있다.

이수부(李秀夫 -후술하는 오가와 류키지의 부친)씨는 1930년 조선인 노동자 통역으로 도카치(十勝)의 도로 건설 공사에 종사했지만 도망쳐 히다카(日高)의 아이누 취락에 고생 끝에 도착했다. 그의 아들인 오가와 류키지가 어렸을 적 근처 천리교 신자에게 들은 이야기는 이하와 같다.

아이누 집에선 도망쳐 온 조선인들을 맞이해 죽어가던 불씨를 다시 한 번 살리고, 먹을 것을 나눠 주었습니다. 그리고 "지금 여기서 잠들어 아침에 경찰에게 잡히면, 나도 동시에 잡혀간다. 그러니까 동이 트기 전에 여기를 나가 저 마을의 세 번째 집을 가도록 해. 저 집도 아이누니까 분명히 맞이해 줄거야." 라고 말했다고 합니다.
강제 연행, 강제 노동으로 홋카이도로 연행 당한 조선인의 대부분이 도망친 후 아이누 고탄(촌락)에 도움을 청했던 것입니다. 숨어 지내던 조선인과 아이누 여성 사이에서 태어난 아이는 300명에 이른다고 합니다.

이미 돌아가신 기타가와 시마코(北川しま子) 씨는 1930년 11월 15일에 홋카이도 사루군 비라토리초(沙流郡平取町) 에서 태어났다. 아

버지는 아이누 민족이고, 어머니는 조선인의 아버지와 사할린 아이
누 어머니 사이에서 태어난 사람이라고 한다.

어느 날 곳간에서 소리가 나서 아버지가 가보자 후레나이(振内)
쪽에서 도망 온 조선인이 곳간 앞에서 웅크리고 앉아 아마 '아이
고 아이고' 라고 울고 있었던 것 같다. 몇 군데의 아이누 집을 돌아
다니다가 우리 집까지 찾아온 것 같았다. 아버지는 그 사람을 굴
뚝 안으로 들어가게 해서 하루 이틀 밤을 숨겨 주었다. 그 사람이
조선으로 돌아가고 싶다고 해서 아버지는 그 사람을 도마코마이
(苫小牧)까지 데려다주기로 했다고 한다. 고기를 운반하는데 사
용했던 마차가 있었기에 그것을 곳간 입구까지 가지고 가서 그 조
선인을 태우고 도마코마이까지 갔다고 한다. 아버지가 역에서 표
를 사고 개찰구까지 데려다주어서 그 사람은 기차를 타고 떠났다
고. 그런 일도 있었다.

아시리레라(야마미치 야스코山道康子) 씨의 부모인 야마미치 모
토쿠아이누(山道モトクアイヌ) 씨와 연관된 다음과 같은 사례가 있
다. 야마미치 모토쿠아이누씨는 당시 숯 굽는 일을 하고 있었다고
한다. 야마미치 모토쿠아이누씨에 관련된 이 이야기는 조선인과 아
이누민족의 유대 관계에 있어 매우 중요하다.

부친은 언제나 하늘 높이 섬을 쌓고 있었다. 정중앙으로 무슨 이

유에서 그렇게 했는지 모친은 알고 있었겠지만 아무것도 말해주지 않았다.

"흘러 내릴 때를 대비" 한 것이라기에 그런 것도 있구나라고 생각했는데 어느 때는 정중앙의 숯가마가 가득 차서는 여관을 돌면서 팔고 왔을 때 납작해지는 경우도 있었다.

중학생이 되고 나서 비로소 그게 사실은 강제 노동의 현장에서 탈출한 조선인을 숨겨 숯가마로 에워싸 도마코마이까지 마차로 운반해 도망치게 했던 것이라는 사실을 듣게 되었다. 조선인은 훈도시 달랑 한 장으로 도망쳐 나왔으니 낡은 옷이든 어떤 옷이든 일단 자신의 옷 아무거나 입혀서 도망치게 한 것 같았다.

히다카 쪽에서 큰 나무를 잘라 사루강을 건널 수 있도록 수송을 하고 있었는데 그 수송하는 인부에 섞여서 도망을 치기도 한 것 같은데 말이야. 그 당시에 수송을 도맡은 인부들은 역시 아이누 사람들이 많았어. 결국 그런 위험한 일에는 조선 사람이나 아이누 사람들이 배짱이 두둑했으니 잘했을 거라고 생각해. 흘러 내려오는 통나무를 굴리면서 항구까지 가져갔으니까.

도망쳐 나온 곳은 호로케시(幌毛志)의 철도나 터널 공사 현장이었어. 일단 끊긴 터널을 넘어 숯가마를 하나 쌓아서 한 사람씩 호베쓰(穗別)의 시나 숙모가 있는 곳으로 데리고 갔어. 거기에도 여관이 있었기에 거기서 다시 또 한 명을 데려왔었대. 시나 숙모도 자주 말했지만 옥수수 밭 안에서 불을 피워 옥수수를 먹었다고 해. 하지만 그걸 말하면 죽임을 당할 거라고 생각했었으니까 가만히 못 본 척 하고 지나갔더니 돌아갈 때에는 머리를 숙여 인사했대. 그래서 소금으로 간을 한 주먹밥과 살짝 탄 주먹밥을 가져와서 주었다고 해.

그 아스미(安住)의 오야마 시나(大山シナ)라는 사람은 신이나 부처로 여겨질 정도로 좋은 사람이었대. 그때는 길가에도 시체가 나뒹굴고 있어, 꽃을 올려놓거나 담배 가루로 공양을 하거나 했다네. 그러니까 나는 어렸을 적 도미우치(富内) 아줌마가 있는 곳으로 가고 싶다고 말해서 엄마에게 자주 혼나곤 했어.

아버지는 그렇게 해서 언니가 있는 곳으로 가서 돌아오는 것이 힘들다면서 도마코마이까지 쇠바퀴가 달린 마차 숯가마니 안에 조선인을 숨겨서 도망칠 수 있게 하려 했지만 도망치려해도 도망치지 못한 조선인은 자신의 여동생과 결혼시키는 경우도 있었다고 해.

또 그뿐만 아니라 친척 친구 아는 사람들에게도 소개해서 사람의 목숨을 구하는 일이라고 설득해 함께 있을 수 있도록 했다네.

이렇게 해서 가혹한 노동 현장에서 아이누에 의해 구출된 조선 사람들은 그 후 홋카이도 다른 지역으로 이주하거나 아이누 사람들과 함께 살게 되었다. 아시리레라씨의 오빠 야마미치 쇼난(山道照男)씨에 의하면 아버지가 숨겨준 조선 사람들은 탄광 일을 도우면서 나무 동굴에서 숙식을 해결했다고 한다. 야마미치 쇼난씨는 다음과 같은 증언을 했다.

옛날에는 이 주변에서도 아이누가 털이 많다는 이유만으로도 왜인에게 추궁당해 소학교에도 가지 못했던 시절이 있었다. 그래서 학교에 가는 척하고 산으로 가서 하루를 보내고 온 적도 있었다. 자신이 체험한 것이기에 다른 사람은 역시 잘 모르겠지만 그런 일도 있었다.

그랬을 때 조선인이 "무엇이든 우리가 도와줄테니까, 아무 걱정 말고 학교에 가세요."라며 말했다. 집에는 조선 사람의 지인이 많이 있었으니까요. 아이누 사람은 털이 많으니까 조선 사람이랑 결혼하면 제일 좋겠다며, 이런 험담도 샤모(일본인)로부터 자주 들었다. 우리들은 "아이누 아이누"라며 나무에 올라가도 돌을 맞거나 샤모의 아이들에게 괴롭힘을 당했다.

우리들은 아이누임에는 틀림없지만, 순수한 아이누는 아니다. 그러나 곤란에 빠진 조선 사람들이나 다른 힘든 사람들과 함께 숯을 굽거나 가마를 만들거나 했다. 거기서 일손이 부족하면 조선 사람들은 큰 참나무 밑 그루터기에서 먹고 자고 했었다. 그 참나무도 아직 여기에 남아 있다.

그렇게 조선 사람은 고생했다고 생각해. 아버지가 산에서 나무를 벌목하면 조선 사람들이 산꼭대기까지 짊어지고 오르락내리락 했다. 그걸로 숯을 구웠어. (중략)

옛날 후레나이(振内)에는 크롬(크로뮴 chromium)이 있었지만 금광도 두 개인가 세 개인가 있었다. 모집이라고는 했지만 나중엔 속아서 끌려온 조선 사람들이 많이 있었다. 호로케시(幌毛志) 터널을 판 것은 대부분 조선인이야. 죽거나 죽을 것 같은 사람은 구

멍을 파서 매장하기도 했던 시절이었다. 우리는 조선 사람들이 눈물을 흘리는 걸 본 기억이 있다.

기억하고 있는 조선 사람만 해도 많았다. 조선 사람은 일이든 뭐든 해야만 했지만 할 줄도 모르는 일을 계속 시키고서 하지 못하면 때려서라도 일을 하게 했다.

옛날에 다코베야가 후레나이(振内)에 있었는데, 호로케시 터널을 파게 했다. 밤에 개가 짖으면 다코(노동자)가 도망갔다는 걸 알 수 있었다. 이런 것도 기억하고 있었다. 소학교 5, 6학년 때였나, 터널 공사에서 제조를 맡아 금속을 구부리거나 가공하는 사람들이 있었고, 그것을 고치는 사람과 운반하는 사람, 그런 조선 사람을 보았다. 아버지는 그렇게 도망쳐 온 조선 사람을 숨겨주고 숯 굽는 일을 시켰다. 아버지는 그 숯을 마차로 지토세까지 팔러 갔다.

기둥이나 판자 지붕에도 안이 커다란 텅 빈 굴로 되어 있었다. 이것을 갓포라고 하며 그 속에 조선인들이 살고 있었다.

전후에도 조선 사람들은 꽤 남아 아이누 사람들과 결혼하여 니부타니(二風谷)라면 니부타니에서 농사를 짓거나 하면서 살고 있었다. 그렇게 아이누인과 조선인 사이에서 태어난 아이가 많아, 샤모(일본인)과 아이누 사이에서 태어난 아이와 반반 정도가 되었다. 초가집이었기 때문에 비가 새지 않도록 하거나 모닥불로 연기를 피우면서 지냈다.

조선인이라는 것이 들키지 않기 위해선 집을 검게 칠하지 않으면 안 되었다. 그렇게 하지 않으면 발견되니까. 숯을 구워서 거기에 사람이 있는 걸 모르도록 검게 해 놓았다.

그러니까 아버지는 조선인 입장에서 본다면 신 같은 존재였다. 숨겨주었으니까 말이다. 대체로 마차를 타고 숯을 팔면 돌아오는 길에는 먹을 것을 뭔가 사오셨다. 숯을 굽는 곳에는 사람이 사는 곳이 아니니까. 여기저기 옮겨 다녀야만 했다. 나무가 좋은 곳에 가마솥을 갖추어 놓고 살고 있었다. 하지만 말도 없었다. 아무것도 없으니 아버지가 사가지고 오셨다. 겨울이 되면 말이 끄는 썰매를 타고 쌀을 쌓아 놓았다. 조선인 여자는 비교적 적었다. 아버지가 있는 곳에는 남자가 더 많았다.

조선 사람들은 성실해도 일본인들에게 받아들여지지 않는 사람도 있었다. 좋은 것은 뺏어가고 나쁜 것만 조선 사람에게 시키곤 했다. 당시에는 차별이 아주 심했다. 그렇게 도망쳐 온 조선인과 털이 많은 아이누 여성은 역으로 함께 있고 싶다는 사람도 많았다. 조선 사람들의 입장에서 본다면 죽을 듯이 미치게 일하며 가족을 부양해 왔지만, 무엇 하나 가지지 못하고 조선으로 돌아간 사람도 많았다. 아이를 두고 간 사람도 있었다. 그러자 그 주변 아이누 할머니 할아버지들이 아이를 대신 키웠다. 어엿한 어른이 되어 어장(漁場)에서 일을 할 정도가 되면 조선으로 돌아가는 사람도 있고 여기에 남는 사람도 있었다. 그때는 그런 상태였다.

노동 현장에서 탈출한 조선 사람들이 7, 8명 나무 동굴에서 살면서 아이누의 숯 굽는 일을 하며 정착되어 가는 모습을 알 수 있는 증언이었다.

또 그것과 동시에 당시 아이누 소년이었던 야마미치 쇼난씨가 아이누로서 차별받으면서도 조선 사람들과의 따뜻한 교류의 기억도 말하고 있다.

혹독한 차별과 억압 속에서 아이누와 조선인이 함께 살아가는 것은 스스로를 지키는 수단임과 동시에 인간으로서의 존엄을 지키기 위해 필요한 유대감일지도 모른다.

전후 사할린에서 귀환해 온 아이누 사람들이 조선인과 맺어지는 경우도 보인다. 아이누 문화의 전승자로서 알려진 이시이 폼페(石井ポンペ) 씨의 친족에는 조선인과 가정을 이룬 사람이 많다고 한다.

> 나의 고향은 호베쓰(穂別)라는 곳으로, 가라후토(樺太)에서 돌아온 아이누인이 있었다. 나요로(名寄)에 잠시 다녀 온 후에 호베쓰에 있는 나의 고탄(촌락)에서 온 할머니와 그 가족도 있었다. 또 강제 연행되어 온 조선인들의 비율도 많았다. 나의 숙모와 결혼한 사람도 강제 연행되어 온 사람. 우리 누나와 결혼한 사람도 그러한 사람으로, 매형은 '한(韓)' 이라는 사람이었다. 그 사람은 유바리(夕張)탄광에서 일하던 두 형제 중, 매형이 형이고, 동생은 죽은 것 같다. 그리고 아이 두 명이 있는 것 같았다. 그 동생의 아이 두 명을 데려와서 우리 누나와 결혼 한 것이다. 살고 있는 곳은 시즈나이(静内)였다.

숙모와 결혼한 '임(林)'이라는 사람도 조선인으로, 그 사람의 소개로 우리 누나와 결혼했다. 또 우리 숙부의 부인도 조선인이었다. 아이누인과 조선인의 결혼은 많았다. 우리 집안에는 그 세 사람이 조선인이지만, 조선인이라고 밝히면 학교에서도 회사에서도 괴롭힘을 당했다. 아이누인과 조선인은 언제나 괴롭힘을 당했다. 그래서 자기 자식들에게 조선인이나 아이누인이라고 하는 것을 딱히 알려주지 않았다.

그래도 우리 누나의 자식들, 매형의 자식들은 삿포로(札幌)의 조선학교에 보냈다. 당시에는 쓰키사무(月寒)에 있었다. 지금은 후쿠즈미(福住) 쪽으로 옮겼지만, 거기에 아이 3명을 보냈다. 그래서 나는 자주 그 학교 운동회에 가거나, 아이들이 돈이 없다고 하면 돈을 가지고 가거나 했다. 그렇게 그 학교를 졸업하고, 지금은 일반 회사에서 일하며 대부분 도쿄(東京)라든가 그쪽 방면으로 일하러 가서 세대를 이루고 있다.

또, 전쟁 중에 강제적으로 동원된 조선인의 기억을 말하는 아베 요시오(阿部義雄)씨는 비라토리초(平取町)의 도미우치선(富内線) 터널 공사에 종사한 조선인이 전쟁 후에도 계속 그 공사에 종사하고 있었다고 증언한다.

조선인은 제법 많이 있었다. 비라토리초에서 시운코쓰(紫雲古津)로 이어지는 둑을 쌓는 데에 조선인이 많이 와 있었다. 사루바(去

場)에는 큰 식당이 있었다. 절반이 조선인이었다. 어릴 때였지만, 잘 기억난다. 어린 시절 자주 들었던 것은 도미우치선의 호로케시(幌毛志) 터널에서 조선인들이 자신들의 동료가 희생되었다고 자주 말했다. 그 터널을 뚫는데 자주 무너져서, 희생되어 묻혔다고 한다. 그 말을 나는 소학교 때 들었다. 그때, 들개가 아주 많이 있었다. 그 사람들이 공사를 하면서 그 들개들을 잡아 고기를 먹었다. 우리집은 초가집이여서 아이누집이라는 것을 알고 그 사람들도 왔다. 아버지의 술친구인 조선인이 3,4명으로 언제나 왔었다. 어릴 때 그 개고기를 먹고 맛있었다고 생각했다. 그때는 양을 키우는 사람이 많아서, 양이 들개에게 습격당하는 일이 있었기에 그렇게 잡아먹고는 했다. 그 모피로 방석 등을 만들었다. 호로케시에서 일하고 있는 사람들이 전쟁이 끝난 후에도 터널과 둑을 쌓는 공사를 하고, 그 후 아이누 여성과 함께 다른 지역으로 이동한 사람이 있었다.

후레나이(振內) 향토사 집필 중에도 필자는 호로케시 터널에서 희생된 조선인의 소문을 많이 들었다. 하지만 그것을 뒷받침해 줄 문서가 없기 때문에 향토사에 기술하는 것은 불가능했다. 하지만 이러한 증언들이 많기에 조선인 희생자의 사실은 부정될 수 없다고 생각한다.

현재, 도미우치선은 폐선(廢線)되고, 터널 입구는 콘크리트로 메웠지만, 도미우치의 입구에는 아이누식의 공양 흔적이 있고, 사실을 알고 있는 사람들에 의하면 희생자의 위령제가 행해지고 있다는 것을 알 수 있다.

또한 전후의 조선인 노동자와 아이누 사람들 사이에도 교류가 있어 개고기를 먹었다는 등의 이야기도 있지만, 이것도 비라토리, 그 중에서도 후레나이 지역에서는 쉽게 들을 수 있다는 것을 필자는 청취 조사에 의해 알게 되었다.

이러한 아이누와 조선인의 교류는 비라토리 이외에도 다수 있었다. 시즈나이에서 태어난 야마기시 다미코(山岸民子)씨는 조선인 아버지와 아이누 어머니 사이에서 태어났다. 시즈나이에서는 조선인들이 일찍이 노동자로서 이주해 와 야마기시씨의 어머니가 그들의 거주를 위한 아파트를 경영하면서, 조선 사람들과의 친밀한 교류가 있었다. 야마기시씨는 조선인과 아이누인 사이의 출신으로 어릴 때부터 자각하고 있어, 야간교실에서 조선어를 배우는 형태의 조선학교에 다닌 경험이 있었다. 소학교에 있었던 차별의 기억은 스스로 체험한 아이누 민족 속에서의 조선인 차별에 대한 기억이다. 마이너리티가 공공연하게 서로 공존하는 가운데에도 복잡한 감정과 억압이 있었다는 야마기시씨의 증언이 있었다. 조금은 길지만 야미기시씨의 증언을 이하에 기술한다.

일단 아버지는 장남으로 조선이라는 나라에 불만이 있어, 일본에서 새로 일을 시작할 생각으로 19살에 밀항하여 시모노세키(下関)에 도착하자, 경찰에게 그대로 끌어내려져서 가라후토로 연행되었다고 한다. 그 당시 조선인을 전부 억지로 태워서 일본 탄광 등에서 일을 하게 하여, 여기저기 가게 되었는데 세 번째 부인이 나의 어머니로 그 아이가 나다. 시즈나이에서. 나의 어머니의 어머니라고 하는 할머니가 아이누로 조선인과 결혼하여, 그것이 이어져서.

시즈나이의 미유키초(御幸町)에서 할머니는 아파트를 운영했고, 그곳에 살고 있는 대부분의 사람은 조선인으로 공산주의자라고 했다. 할머니는 자주 경찰에 잡혀갔다고 한다. 그 아파트는 4세대 2층 건물로, 조선인과 아이누인이 같이 있는 것이 비라토리보다 시즈나이가 가장 많을 것이다.

아버지와 어머니는 몬베쓰(門別)에서, 몬베쓰라는 이름으로 아이들이 벌써 4, 5명이 있는 채 결혼했다. 나는 조선학교에 다녔다. 아버지에게 나는 첫 번째 아이. 55세 때의 아이였다. 75살에 돌아가셨다.

학교에 가면 여러 가지 일이 있었지만, 집에서는 행복했었다. 나는 부모님 품이라 다행이였다. 하지만 한번 아버지가 화나면 조선말을 하고, 어머니는 아이누말을 했다. 나는 어느 쪽도 제대로 알아듣지 못했다.

왜 조선학교에 다닌 것이냐고 하면 일본대학을 나온 선생 때문이였다. 재일조선인인데. 우리 할머니 아파트에 살고 있는 사람이었다. 아파트에서 배우는 것도 좋지만, 교실이 있으니까 교실로 오라는 말을 듣고 교실에 갔지만, 조선말은 전혀 생각나지 않고, 토마토라는 단어 따위만 기억났다. 유치원 아이와 같이 배웠지만, 실제로 나는 일본 학교의 수학이나 그런 것이 늦어지는 것이 싫었기 때문에 그 쪽을 열심히 했다. 그래서 선생님에게 보여주고 싶었다. 선생님은 그 일본 쪽의 공부법을 가르쳐 주었다. 그곳에 가지 않으면 가르쳐주지 않는다고 하니까. 일단은 어린아이와 같이 배웠고, 소학교 5, 6학년쯤 됐을 것이다.

조선학교가 할머니의 아랫집에 있었고, 아이들만 20명 정도는 있었다고 생각한다. 책상으로 나누어져 있을 뿐, 고학년은 공부하면서도 저학년을 가르쳐주기도 하였다. 저학년은 사진이나 그림이 그려진 종이를 보고, 그렇게 조선말을 배웠다.

나는 반년만, 거기 있었다. 반년 지나, 다시 부모님이 계신 몬베쓰(門別)로 갔다. 어느 쪽에도 힘을 들이지 않았다. 조선말도 할 줄 모른다. 그저, 내 이름이 '박양자(ぱくやんじゃ)'라는 것만은 배웠다. 예전의 성은 나시모토(梨本)이다. 선생님께서 그 정도는 배워야 한다고 하셨기에 그것만은, 지금도 기억한다.

몬베쓰에서 반년, 시즈나이(静内)에서 반년, 시즈나이에서는 밤에 조선학교를 다녀, 몬베쓰와 시즈나이의 양쪽 졸업증명서를 가지고 있다.

조선학교는 미유키초(御幸町)의 주택을 빌려 사용했다. 선생님도 낮에는 무엇을 하고 있는지 모르겠지만, 그러한 학교가 있을 정도로, 조선의 어린이가 많았다고 할 수 있다. 우리 할머니가 있는 곳에 살던 사람도 한두, 세 명 있었다. 소학생이거나, 중학생이거나.

낮에는 일본 학교에 갔다고 생각된다.

나의 친척도 있어서, 그 당시 비라토리(平取)와 호베쓰(穗別)에 갔지만, 조선학교의 이야기는 들은 적이 없었다.

단 하나, '자신의 아이에게 신념적으로 말할 수 있을까' 라고 했을 때, '말할 수 없다' 라고 생각할 때가 있다. 너무 귀여운 딸이 돌아와 울었다. 학교에서 조선, 조선이라고 괴롭힘 당하는 것이 괴롭다고 말했을 때, 아버지는 "왜 그것이 울 일이니?" 라고 하시며 "아버지의 나라는 조선이란다. 울 것 없잖니. '그러네.' 라고 말하면 되잖니? 그렇게 하면 조금 편하단다." 라고 하셨다.

"그게 아니에요, 바보 취급하면서도 머리가 나쁘지 않다는 것이 조선, 조선이라고 매일 듣고 있으면, 아시겠죠? 그 말을 하는 사람이 아이누라니까요."

몬베쓰의 소학교 당시는 60%가 아이누였다. 언제나 실내화에 맞아 피가 나서 돌아온 날이 거의 대부분이니까, 엄마와 아빠는 생각다 못해 시즈나이의 할머니가 사시는 곳으로 반년 정도 보내야겠다고 생각하셨다. 아이누 아이들도 괴롭힘 당했다. 그렇지만, 더 약한 것을 찾으려 한 걸 꺼다.

매우 이상한 것은 나는 일본 사람에게는 바보처럼 당하지 않았다. 모두 협회에서 차별에 대해 이러쿵저러쿵해서, "료쨩(良ちゃん)도 그렇지" 라고 말하기에, 귀찮으니, "그러네." 라고 말하지만, 실제는 다르다.

몬베쓰에서는 아이누와 조선 사이의 아이는 나뿐이었다. 그 당시에는, 내가 알기로는 나밖에 없었다. 시즈나이에 가면, '와' 라는 느낌이지만, 학교는 친구가 없어 심심했다. 돌아와서는 즐거웠다. 몬베쓰의 학교에서 재미있는 것은 아이누인들이 괴롭힘 당하고 있으니까, 나는 대단히 소중하게 여겨졌다. 신기하지 않는가. 그래서 학교에서는 매우 즐거웠다. 괴롭힘 당했지만, 괴롭혔으니까. 남자아이니까 스커트를 올리거나 한다. 마음먹고 어깨를 치거나, 그런 짓을 자주 했으니까. 두 사람 나란히 복도에 세워지거나 하는 것은 싫은 괴롭힘은 아니었다.

단지, 학교에서 나오면 엉망이 되었다. 아이누인에게 매일 같이 맞아서. 학교에서는 아이누 아이도 꼼짝 못하니까, 학교를 벗어나면, 그런 짓을 했던 걸까?라고 지금은 생각한다.

몬베쓰에서 아버지가 조선인인 것은 나뿐이었다. 아버지가 조선인이라는 걸 모두 알고 있으니까, 찾아오는 사람도 시즈나이나 지토세의 조선인이었다. 아버지는 천식이 있어 가사를 담당하시고, 어머니는 농가에서 일을 하셨다. 내가 세탁 같은 것을 할 수 있게 되어도, 아버지는 계속 돕고 계셨다. 아버지가 밭에서 일하셨던 것은, 내가 정말 어렸을 때뿐이었으니까, 천식이 심해지신거다. 그런데도 75세까지 살아 계셔서 다행이라 생각한다.

내가 19세 때 2월에 어머니가 돌아가시고, 5월에 할머니가 돌아가시고, 6월에 아버지가 돌아가셨으니, 그 해에는 세 분이 돌아가셨다. 아버지가 돌아가셨을 때는, 눈물도 말라버렸다. '뭐지 이건'이라고 생각하면서. 어머니가 돌아가셨을 때는 할머니께서, "나도 곧 갈지 모르니 놀라면 안 된다."고 하셨다. 순서대로라고, 열심히 가르쳐 주셨지만, 전혀 귀에 들어오지 않았다고 생각한다.

몬베쓰에서는 아이누사람들로부터 조선이라고 괴롭힘 당했지만, 시즈나이에서는 조선이라는 것으로도 아이누라는 것으로도 괴롭힘 당하는 일은 없었다. 그것은 시즈나이에는 다양한 사람이 있었으니까. 조선인도, 중국인도 있었다. 할머니의 아파트에는 살 곳이 없는 사람을 받아주고 있었다. 집세도 내지 않은 사람도 있었을 것이다. 하지만 할머니께서는 살게 해 주셨다. 사촌 형들이 어부여서, 집세는 받지도 못하면서 조선인에게나 중국인에게 물고기나 야채를 가져다주곤 하셨다.

할머니는 여러 가지 모양으로 입을 물들인 아이누 여성이셨다. 어머니는 문신을 하지 않으셨다. 어머니는 "어째서 하지 않는 거니?"라는 말을 들으면, "홋카이도(北海道)든 어디라도 좋은 곳에서 살 수 있도록 문신은 하지 않을 거예요, 필요 없어요."라고 말하셨다.

할아버지는 북조선에 가서 건강하다는 편지를 할머니께 한 번 보내왔다. 10층 건물 정도의 시영주택(市營住宅) 같은 집 앞에서 사진을 찍었다. 그 사진은 벌써 집에 화재가 나서 없어졌다.

나는 아버지가 조선인이였으므로, 그 일을 통하여, 어쩔 수 없는 것이 있다고 생각하게 되었다. 괴롭힘 당해도, "아버지가 조선이라는 것이 어째서 나쁜 것이냐."라고 말하던 분이셨으니까, 얼마만큼 말하고 싶은 것이 있더라도 시기를 기다려 보자는 생각을 하게 되었다. 아무리 중요한 때에도 일을 하지 않으면 먹을 수 없다는 것을 가르쳐 준 사람은 어머니셨고, 자지 않고 일하는 사람이셨기에, 말로 논의하거나 한 적은 없으나, 자연스럽게 익히게 되었다. 그렇기에, 자신은 조선인이자 아이누인이기도 하다.

아이누(アイヌ) 민족, 조선인, 중국인 등, 제국주의 시절의 홋카이도에서는 여러 사람들의 다양한 유대가 각지에서 전개되었다. 함께 돕고, 공존하는 이야기가 있는 한편, 상대를 멸시하는 차별 의식이 반대편에 있었다. 결코 기분 좋은 것은 아니지만, 이하, 소수 민족의 내부에도 존재했던 레이시즘(인종차별)에 대해서 살펴보자.

저도 생리를 시작했을 때, 아버지께서 불러 엄격하게 말씀하셨다. "만일 네가 아이누인을 좋아하게 되어 결혼하겠다면, 아버지는 목을 맬거야." 라고 하셨다. "에?" 라고 했다.
"여기에 살고 있으면, 많은 아이누 사람들을 만날 것이잖니. 좋은 사람도 있으면 그렇지 않은 사람도 있어. 그것은 일본인도 조선인도 마찬가지야. 하지만 좋은 사람이라도, 우리집은 조선인이니까 피가 오염되는 것은 곤란하단다."
저는 "가문이 더러워진다구요?" 라고 물어보았다. "그것은, 아이누의 피는 3대, 3대에 나오니까. 아주 희박하다고 생각할지도 모르지만 신기하게 삼대에는 나온단다. 그러므로 절대로 집의 일족으로 들어오면 큰일이란다." 라고 하셨다.

"반듯하게 성장하지 않으면, 시집가거나, 며느리를 받아들이거나 할 때, 중국(支那)이나 조선이나 에타(천민)밖에 없는 거야." 라는 말을 듣고 자란 아이누도 있었다. 우리 아버지 동생의 아내가 그런 말을 들으면서 자랐다. 그 아내의 아버지는 일본인으로 몬베쓰(門別)출신이며 그 지역은 그러한 차별이 있었던 곳이었다.

이러한 차별 의식을 포함한 전시 하에서의 아이누 민족과 조선인의 유대에 대해 필자는 지금까지 청취 조사를 통해 밝혀 왔지만, 여기에서 더욱 그 유대가 전후 일본의 조선인 정주화에도 깊이 관계하고 있는 것을 기술하고 싶다.

지금까지의 청취 조사에 따라, 비라토리초(平取町) 호로케시(幌毛志)와 호베쓰초(穗別町 -현재의 무카와초) 도미우치를 연결하는 도미우치선의 건설 공사에서 다수의 조선인 노무자가 사망한 것으로 밝혀졌다. 하지만, 도미우치선 부설 공사의 바로 옆 아즈미 지구(安住地區)에서는, 공사 현장에서 탈출해 온 조선인들을 아이누 사람들이 숨겨, 주먹밥 등을 주어 도망치게 하거나, 조선인 노무자의 시신이 길가에 그대로 내버려져 있는 것을 볼 수 없어 아이누 사람들이 시신에 꽃을 바치거나 담배를 놓고 공양하곤 했다. 결국 그들의 시신에 대해서 일본인이 무관심했던 것과는 대조적으로 아이누 사람들은 인간으로서의 감정을 갖고 공양을 한 것이다. 그렇게 길가에 시신이 방치된 것은 후레나이 향토사를 집필할 때 필자의 청취에서도 확인했지만, 비라토리초에 그런 희생자에 대한 비가 건립된 것은 2010년

(헤세이 22년)이 되고 나서였다.

이에 대한, 아즈미(安住) 지구를 중심으로 한 노무 희생자 위령비가 호베쓰초에 의해서 건립된 것은 1977년(쇼와 52년)이다. 호베쓰의 공동묘지는 1913년(다이쇼 2년)에 세 곳, 1925년(다이쇼 14년)에 두 곳이 개설되었다.

이후 1929년(쇼와 4년)까지 세 곳이 설치되어, 호베쓰의 공동묘지는 여덟 곳이다. 이 공동묘지는 주민의 요망에 의해, 면사무소가 면 의회의 결의를 거쳐 도청에 허가 신청을 하고, 도청의 허가가 나온 이후, 호베쓰 촌장이 홋카이도청 장관에게 홋카이도 국유 미개지 처분법 4조에 따라 무상하부를 신청하여 묘지 개설이 되었다.

이들 묘지에는 모두 화장터가 설치되어 있으며, 화장 작업은 화로 또는 노점에서 행해졌다. 호베쓰초 전역의 화장터가 설치된 것은 1965년(쇼와 40년)부터이다.

호베쓰초에서는 1969년, 묘지 정비를 하고, 호베쓰 공동묘지의 조성을 결정했다. 같은 해 6월 29일에「호베쓰초 공동묘지 사용 조례」를 규정하여, 1971년부터는 이전이 이루어졌다. 이에 따른 이즈미 지구(和泉地區)의 옛 묘지를 폐지하면서 새 이즈미 묘지를 개설하는 것도 결정되었다. 신 묘지의 구입에 있어서 신청과 추첨이 이루어지며, "묘지를 더욱 아름답게 하기 위해, 추첨 당일 도마코마이시(苫小牧市)에서 묘석(墓石) 가게를 불러 견본을 진열시키고 저렴한 가격으로 알선했기 때문에 이를 기회로 최대한 묘비로 바꾸도록 당부했다."라고 한다.

이즈미 지구는 아이누 사람들이 강제 이주된 장소이며, 옛 묘지는 아이누 사람들의 묘지였다. "최대한 묘비로 바꾸라"는 행정의 권유는 단순히 '묘지를 아름답게 하기 위한' 형식적·심미적(일본인적)인 이유라고 하면, 그것은 아이누 사람들에게 고역이었을 것이다.

생활 습관에서 거의 일본인과 동화되어 있던 아이누 사람들에게 있어 스스로 문화의 진면목을 남기는 장례식과 매장 풍습까지 소멸당하는 심각한 국면이었던 것이다. 일본인에게의 묘지의 '근대화'라는 생활양식의 변화가, 아이누 민족의 문화에 있어서는 더없이 중요한 핵심적인 부분에 대한 침식이었다.

이런 옛 묘지에서의 이전에 따라, 각지의 묘지에서는 무연고 묘지가 문제가 되었다. 아이누 사람들의 유골과 같이, 호베쓰의 각 지역에서는 가나야마선(金山線), 도미우치선(富內線), 호로케시(幌毛志) 터널 공사 등에 따른 많은 조선인 노무자와 다코베야(タコ部屋) 노무자의 유골과 시신이 새로 발굴된 것이다.

호베쓰 묘지에서는 1974년, 10월 26일의 옛 묘지에서의 이전에 따른, 92주의 무연고자를 안치하는 무연비를 세우고, 입혼식(入魂式)이 행해졌다.

이 묘지는 현재, 니와 지구(仁和地区)의 에이린지(永林寺) 위쪽에, 이전에 사카에역(栄駅)에서 강을 사이에 둔 조금 높직한 평지에 있다.

1982년, 아즈미(安住)에 있는 부내 묘지에는 그 정비에 앞서서, 구 묘지에는 당초 예정했던 것 이상의 무연고 사체가 있는 것으로 판명되었기 때문에, 같은 해 1,814만 엔의 보조 사업으로는 대응하지 못하고 다음 년도 126만 엔을 투입하여 무연비를 건립했다. 전후 20년 이상이 경과하고서야 묘지정비조례가 시행됨에 따라, 무연으로서 묻혔던 이러한 노무 희생자들의 위령이 드디어 행해진 것이다.

또한 필자의 조사에서는, 전술한 바와 같이 아즈미 지역의 아이누 집에 몰래 숨겨 주었던 조선인을 니부타니(二風谷)에 사는 친척 아이누 사람들이 도마코마이(苫小牧)까지 보내주었다는 것도 밝혀졌다. 그 이전에도 비라토리혼마치(平取本町)의 아이누인이 조선인을 마차에 숨기고, 도마코마이(苫小牧)까지 옮겨 기차표를 구입하여 도망가게 했다는 증언이 있다. 그리고 니부타니에서 도마코마이로 조선인을 옮겨 주었다는 아이누인들은 그래도 도망치지 못하고 다시 니부타니에 돌아온 조선인을 자신의 친척이나 지인에게 소개하여, 결혼을 시켰다는 매우 중요한 증언도 존재한다. 따라서 아이누 여성과 조선인 남성이 세대를 이루고 비라토리초 니부타니를 시작으로 무카와초(むかわ町) 호베쓰(穂別) 등에서의 정주화로 이어져 갔던 것이다.

「오쓰넨무코(越年婿)」

비라토리(平取)와 호베쓰(穂別) 등에서는 '오쓰넨무코(越年婿)'라고 불리는 존재가 있다. 전쟁 시기나 전쟁 후 남성 일꾼을 잃은 아이누의 농가에서 살며 일하던 조선인 남성을 말하는 것이다. 그들은 여름 농번기에는 밭일을 하고 겨울에는 산에서 일하거나 막노동을 하며 그 수입으로 해를 넘기고 다음 해가 되면 다른 장소로 이동한다. '오쓰넨무코'는 아이누의 농가에 들어가고 일본인의 농가에는 들어가지 않았다고 한다. 또한 이 '오쓰넨무코'라고 하는 호칭은 비라토리, 호베쓰 이외의 지역에서는 그다지 사용하지 않았다.

'오쓰넨무코'라고 하는 사람은 일본인의 집에는 들어가지 않아요. 역시 아이누의 집에 들어갔지요. 아이누 취락에 조선인이나 일본인이 어느 정도 들어와 있던 것이 아닐까요. 내 생각에 조선 사람이 아이누 집에서 일하고 있었다는 것은 한편으로는 언어를 모른다는 핸디캡 때문이 아닐까 싶어요. 나는 거기까지는 모르지만요. 비교적 성실했어요.

오쓰넨무코는 샤모(일본인)뿐만 아니라 재일(在日) 분들도 꽤 있어요. 북한과 남한 사람이 있어서 복잡하기는 하지만요. 내가 어렸을 때에도 꽤 있었지요. 아이가 둘 셋 있는데도 사라져버려, 모친과 아이만 남았어요. 모친은 아이누 사람이 많았어요. 나보다 선배인 여성이 그 오쓰넨무코의 아이였어요. 그런 아이들은 사생아죠. 그래서 대부분이 부친은 본 적도 없어요.

증언에 의하면 '오쓰넨무코' 중에서는 일본인도 다소 존재하며, 본토로 돌아간 경우도 있었다고 한다. 그 중에서는 소수로 호베쓰 등에 정착한 일본인 오쓰넨무코도 있었지만, 가정이 있는 오쓰넨무코는 모두 아이누 여성과 가정을 꾸렸다.

제4장

기억 표상의 폭력

비라토리 혼마치(平取本町) 공동묘지 위령비

비라토리 혼마치 공동묘지 옆에 있는 마을 소유지에 유지(有志)에에 의해 작은 위령비가 건립되어 있다. 가장 오래된 것은 1969년(쇼와 44년)에 나무말뚝으로 지어진 「조상 역대 만령 무연의 비(祖先代代萬靈無緣の碑)」로, 이것은 1982년에 석비로 바뀌었다. 이 비석을 끼고 우측에는 「오키쿠루미신(オキクルミ神)」과 「마두관음(馬頭観音)」, 그리고 아무것도 새겨지지 않은 작은 돌이 묻혀 있고 좌측에는 「시즈카고젠의 묘(静御前の墓)」와 「세계 인류가 평화롭기를」(피스포르피스ポル라고 불리고 있다.)이 세워져 있다.

이런 비라토리초의 피스포르에는 일본어, 아이누어, 그리스어 외에 한글 표기가 있어 시선을 끈다. 이것은 백광진굉회(白光真宏会)라고 하는 시즈오카현(静岡県)에 본부가 있는 신흥 종교 단체에 의해 1999년에 세워진 것이다. 이 작은 위령 공간은 비라토리초에 다양한 사람들이 뒤섞여 있다는 마을의 역사가 상징적으로 나타난 장소이다. 그것은 기억의 조작과 의도적인 망각이 서로 대립하는 장소이기도 하다. 마을 소유지에 지어진 이 위령비에 관해 비라토리초는 현재에 이르기까지 위령비 건립의 경위와 그 자세한 내용에 대해 일체 밝히지 않았다.

1977년(쇼와 52년) 8월 9일, 비라토리초는 「비라토리초 묘지 조례」를 널리 알리고 마을 소유 묘지의 설치 및 관리 그리고 사용료 징수에 대한 규정을 정했다. 이에 따라 동네 각 지역에 있는 묘지의 구획 정리가 실시되었다. 이 묘지 조례가 시행되기 8년 전인 1969년, 공동묘지 서쪽(西側)의 산길을 낀 작은 공터에 유지에 의한 목조「조상 역대 만령 무연의 비」가 건설되어 1982년에 석비로 되어있는 것을 모두에 기술했다.

이 비석들은 성묘하러 온 일반 사람들이 전혀 알아차리지 못하는 장소에 지어져 있다. 목조 비석이 지어지고 나서 5년 후인 1974년, 비라토리 혼마치의 공동묘지의 동쪽 중앙에「무연의 비」가 마을 사업으로 건립되었다.

1969년으로 거슬러 올라가 수년 전부터 비라토리초에서는 아이누 묘지의 대규모 '정비'가 시작되었다. 비라토리초 각 지역의 아이누 묘지에서 뽕나무(회화나무로 만든 표석)가 뽑혀서 묻혀있던 유골이 발굴되었다.

에도 말기부터 근대에 걸쳐 실시되어 온 아이누 민족의 유골 발굴. 그것이 근대에서는 학문의 이름으로 시행되어 왔다. 그 범죄성을 우에키 데쓰야(植木哲也)는 '학문에 내재된 폭력'으로서 파악하고 있다.

하지만 이 비라토리초에서 시행되었던 아이누 유골의 발굴은 학문과는 관계없이 단순히 묘지 정비를 위해 시행되었다. 아이누 민족의 유골은 무단으로 발굴되어「무연의 탑」속에 모두 매장되었다. 1977년, 묘지정비조례가 공포되었을 때는 이미 비라토리초의 아이누 묘지에서 유골이 발굴되어 그곳에 있던 표표는 뽑혀졌다.

아이누 민족으로 당시 비라토리초 의회 의원이었던 우나야마 이쓰키(宇南山斎)씨는 아이누 사람들의 유골을 한 장소에 정리해서 매장하고「조상 역대 만령 무연의 비」를 건립하기 위해 유지를 모집했다. 그리고 비라토리초 회의에서 도난(道南)버스 비라토리 출장소의 소장이었던 사토 아키라(佐藤旭)씨가 자금을 제공하여 1969년에 최초로 나무 비석이 세워진 것이다.

이 비라토리 혼마치(平取本町) 공동묘지 옆의 위령 공간에 있는 비석 중 가장 특이한 것은 아무것도 새겨지지 않은 돌 비석이다. 이것은 아이누 사람들의 유골을 매장한「조상 역대 만령 무연의 비(祖先代代萬靈無緣の碑)」와 함께 조선인의 위령비로 우나야마 이쓰키(宇南山斎) 등의 유지가 세운 것이다. ('건립'이라는 단어가 부적절할 정도로 돌을 쌓아 둔 것이다.) 이 돌의 침묵은 말할 수 없는 역사의 무게를 역설적으로 상징하고 있다고 할 수 있다.

니브타니 지구의 무연비(二風谷地区の無緣碑)

니브타니 지구에서는 현재 댐이 건설되어 있는 토지에 아이누의 묘지가 있었다. 이 묘지에서 발굴된 유골은 현재 도로 건너편의 약간 높은 언덕 위에 있는 니브타니 지구의 공동묘지로 옮겨져 있다. 이 공동묘지에는 아이누 민족의 유골이 정리된 경위에 대해 다음과 같이 쓰인 비석이 건립되어 있다.

"기록에 의하면, 이 땅 토이피라(トイピラ)를 니브타니의 공동묘지로 사용되기 시작한 것은 메이지 28년 12월이다. 그 이후 85년간 이용되었지만 아이누 민족의 풍습으로 대부분 매장되었다. 시간의 흐름에 따라 화장(火葬)이 많아져서 쇼와 55년 도로의 북측에서 이

곳으로 무덤이 옮겨졌다. 옛날에는 성묘 관습이 없었기 때문에 할 수 없이 180수체(数体)를 연고자가 없는 사자(死者)로서 이 비석에 납골했다. 아이누 풍목(風木) 묘표를 대신하여 석조를 건립해 선조의 넋을 기리고 명복을 빌었다. 창 모양은 남성 묘표, 바늘 모양은 여성 묘표. 유연무연(有縁無煙) 짐작이 가는 분은 △△△

쇼와 58년 8월 비라토리초장 나가야마다(長山田)△△

(△은 판독 불가능)

이 비석의 측면에는 「니브타니 부락 유연무연 삼계 만영의 탑(二風谷部落有縁無縁三界萬霊之塔)」이라고 새겨진 비석이 있다. 이것은 1986년(쇼와 61년)에 '니브타니 부락 유지'에 의해 건립되었다. 게다가 이 비석의 양 측에는 돌로 만들어진 창 모양과 바늘 모양의 묘표가 세워져 있다. 이것은 1980년에 건립되었다. 각각의 비석이 지어진 년도는 조금씩 시간적인 차이가 있다.

이 니브타니 지구의 댐 건설은 당시 일본 전국의 주목을 받았다. 전기 공급도 농업용 치수(治水)도 아닌 목적으로 건설된 댐으로, 아이누 묘지는 이 댐의 건설로 수몰되어 현재의 공동묘지로 옮겨졌다. 이때 비라토리초 의원이었던 가야노 시게루(萱野茂)씨는 "300년이 지나면 영혼은 이미 없다"라고 말하며 묘지의 이전을 승인했다.

후쿠미쓰(福滿)의 공동묘지

비라토리초 가와무카이(川向)와 히다카초(日高町) 몬베쓰(門別) 후쿠미쓰(福滿)에 걸친 지역에는 일찍이 아이누 촌락(아이누 고탄)이 있었다. 고탄의 변두리에는 묘지가 있어 그곳에 아이누 사람들의 유골이 매장되었지만 여기서도 비라토리 외의 지구(地区)와 마찬가지로 아이누 유골이 발굴되었다.

하지만 이 후쿠미쓰의 경우는 다른 지구와는 다른 전개가 있었다. 몬베쓰초가 위탁한 업자가 불도저로 아이누 유골을 발굴하고 있던 그 현장에 마침 사람들이 있었던 것이다. 후쿠미쓰에 선조의 묘가 있는 아시리레라(アシリレラ-야마미치 야스코山道康子)씨 들이다.

아시리레라씨는 후쿠미치에서 아이누의 위령제를 지내고 아이누 사람들의 유골을 발굴하는 것과 그 장소의 묘표를 뽑아내는 것을 단호하게 거부했다. 업자가 유골을 발굴하는 경우 유골은 대체로 5만 엔에 마을이 인수하게 되었다. 그 때문에 업자는 "돈벌이에 방해하지 말라", "너도 묻어주마" 등의 폭언을 아시리레라씨에게 퍼부었다고 한다. 하지만 아시리레라씨는 계속해서 저항했다. 이 일로 인해 아시리레라씨의 먼 친척뻘 되는 조상의 유골과 묘표는 현재도 간신히 그곳에 남아 있는 것이다.

여기는 몇 안 되는 아이누 묘표가 그대로 남아있는 장소이다. 또 하나는 오사치나이(長知内)의 공동묘지로 그곳에도 아이누 묘표가 남아 있다.

아시리레라 가문 유지는 그때 불도저가 파낸 유골의 파편을 모아서 간신히 빼앗기지 않은 묘표의 주변에 나무를 심어 그 뿌리에 유골

의 파편을 묻었다. 불도저로 유골을 발굴하는 것은 그 후 1년간 계속되었다고 하나, 유골의 파편을 모아 2002년(헤이세이 14년)에 「야마가와 쓰토무(山川力)씨의 비석」을 건립하고 그 비석 아래에 유골의 파편을 매장했다. 야마가와 츠토무씨는 『아이누 민족 문화사로의 시론』등을 저술한 것으로 알려진 아이누 연구자이지만 노후에는 아시리레라씨 활동을 함께 했다. 이 비석에는 "아이누의 언령(言魂)을 이야기로 전한 시사무(シサム) 야마가와 쓰토무씨의 비석. 영혼을 에조(エゾ) 땅에 잠들게 하다"라고 새겨져 있다. 이 비석의 아래에 야마가와 쓰토무씨의 유골은 없지만 수많은 아이누의 유골 파편이 매장되어 있다. 주변에는 목조로 된 아이누 묘표가 세워져 있고, 아시리레라 가문 유지가 매년 위령제를 지내고 있다.

사진 12
간신히 남겨진 아이누 묘표, 왼쪽이 남성의 비 오른쪽이 여성의 비

구(旧) 가미누키베쓰(旧上貫気別 -현 아사히旭) 묘지 위령비

메이지 시대에 니캇푸 아네사루(新冠姉去) 지구가 천황가의 목장이 되었다. 아이누 사람들은 그곳에서 강제적으로 이주되었다. 그 이주지가 비라토리초 누키베쓰 아사히(貫気別旭)였다. 현재 아사히 조릿대 숲속에 아이누 사람들의 묘지가 있고 그곳에 하나의 비석이 건립되어 있다. 지금도 이 지역은 풀이 우거진 작은 산길 옆에 수십 미터 정도 들어간 곳에 있다. 사람이 방문하는 일은 좀처럼 없고 그 비석의 존재를 아는 사람도 많지 않다고 생각된다.

1988년 12월 15일, 제8회 비라토리초 의회 정례 회의의 일반 질문에서 모리 아키오(盛昭夫) 의원이 '소비세', '도마리(泊) 원자력 발전·호로노베(幌延) 핵 폐기장 시설', '아이누 문제'에 대해서 물었다. 아이누 문제에서는 가미누키베쓰에 있어 강제 이주 문제에 대해 다음과 같은 질문을 했다.

비라토리초에 있어서도 옛 헌법하의 메이지(明治), 다이쇼(大正), 쇼와(昭和)에 걸쳐 천황정 절대주의(天皇政絶對主義)에 희생된 아이누인들이 아사히의 오지 산림에서 묘표도 완전히 썩은 상태로, 그 중에서 2, 3명의 사람이 성묘하고 있는 상황이지만 거의 방문하는 사람도 연고자도 없이 땅속에 잠들어 있습니다.

이곳에 잠들어 있는 사람들은 다이쇼 5년 니캇푸(新冠)의 고료(五稜)목장 아네사루(ア ネサル)지구로부터 천황 정치 하에 사는 것이 익숙해진 곳에서 강제적으로 이주당한 사람들로, 말하자면 현재 아사히 오지의 농업 기초를 쌓으며 추위와 굶주림과 싸우며 쓰러져간 사람들이며 아이누 사람들에게는 매우 자랑스러운 우타리(ウタリ)라고 여겨집니다.

지역에 현재 살고 있는 아이누 사람들의 의견을 듣거나 하며 앞으로 어떻게 저 묘지를 처리해 나갈 것인가에 대한 계획이 있을 것이라 생각합니다만, 이에 대해서 여쭤보고 싶습니다.

이 모리 아키오 의원에 대한 비라토리초 촌장의 답변은 다음과 같다.

세 번째의 아이누 문제에 관해서 지난번 제가 부재중에 처음 공산당 관계분인 모리 위원님이 나오셔서, 당 입장에서 아이누 문제에 대한 입장을 저희에게 말씀하신 것을 잘 알고 있습니다.

현재 아이누 문제에 대해서는 홋카이도(北海道)가 우타리(ウタリ) 협회로부터의 요청에 근거하여 적잖은 시간을 들여 검토해, 결과를 국가에 보내려고 하는 중이었습니다. 의회도 진정(陳情)을 받아들여 다양한 각도에서 이 문제에 대해 검토와 협의에 힘쓰고 있습니다.

저는 이러한 충분한 절차를 거쳐 이후 아이누 문제의 바람직한 방향을 찾아, 이른바 "아이누 도시" 라 불리는 비라토리 지역의 장래 발전을 위해서 공산당 여러분의 말씀에 대해서도 차후에 충분히 생각해 보겠습니다.

또한 아사히(旭) 묘지에 관해서도 개선계획이 없었던 것은 결코 아니나, 구체적인 제안도 나오지 않은 채로 지금에 이른 사실을 솔직하게 말씀드립니다.

현재, '아직 그곳에 묘지를 두고 있어 참배하러 갈 수 있다.' 라고 하는 의견도 있는가 하면 '지금 상태 그대로 괜찮은 것인가.' 혹은 '이제 대자연으로 돌아간 것이라고 한다면 그곳을 해치지 않는 조치를 어떻게 취할 것인가.' 라는 의견도 있습니다.

충분히 지역 주민 분들의 의견을 물어, 이 문제에 관해 어떠한 태도를 취하는 것이 가장 바람직하게 조상을 소중히 하는 마음가짐 일지 고려하여 적절한 조치를 취해 나갈 생각입니다.

이상의 비라토리초 의회 정례 회의에 대한 답변을 한 후, 다음 해 1989년에는 "묘지 화장터 비용"에서 구별하여 "공사 청구비"의 "아사히 구 공동묘지 기념비 설치 공사비용"으로 마을에서 50만 엔이 세출(歲出)되어 「구 가미누키베쓰(旧上貫気別)」의 비석이 건립되었다. 비문은 이하와 같다.

비라토리초는 비옥한 토지와 풍부한 자연에 둘러싸여 있었다. 옛 선조는 낮에도 햇빛이 닿지 않는 원시림에 도전하여 가미누키베쓰를 개척하였지만, 메이지(明治)·다이쇼(大正)의 마경(馬耕) 시대 및 군용 말 생산을 위해 니캇푸(新冠)목장은 확대되어 황실 목장으로 변천했다. 1915년(다이쇼 4년) 아네사루고탄(姉去コタン)에서 쫓겨나 가미누키베쓰로 강제 이주된 사람들의 슬픔에는 장렬함이 있다. 이 향토에 개척의 심혈을 기울여 뿌리를 내린 선구

자의 업적을 후세에 전해, 여러 영혼에 참례자(參列者) 여러분들
과 함께 진혼에 정성을 바칩니다.

- 헤이세이(平成) 2년 8월 비라토리초 야스다 다로(安田泰郎) -

사진 13
구 가미누키베쓰(旧上貫気別) 묘지

사진 14
구 가미누키베쓰(旧上貫気別) 위령비

　아이누 민족의 강제 이주 역사를 비문으로 명백하게 한 점에서, 이
비문은 비라토리초의 다른 지구(地區)와 달리 두드러진 특징을 보이
고 있고, 아이누 민족의 역사에 대한 마을 인식에 큰 진전이라고 말
할 수 있다. 이 장소에서 매년 「아이누 모시리일만년제(モシリ―万
年祭)」의 마지막 날에 가무이노미(カムイノミ)가 행해지고 있다. 하
지만 이 구묘지와 기념비는 굉장히 찾기 어려운 장소에 있어, 그것을
아는 사람은 관계자 이외 그다지 없을 것이라 생각된다.

* "신에게 기도한다." 라는 의미로 아이누가 신인 가무이를 천계로 돌려보내는 의식
　을 말한다.

구(旧) 가나야마선(金山線) 사카에역(栄駅)

1918년(다이쇼 7년), 홋카이도 광업 철도 주식회사는 누마노하타(沼ノ端) - 가나야마(金山) 사이를 가나야마선으로 부설하기로 결정했다. 그 후 사명(社名)을 「홋카이도 철도 주식회사」로 바꾸고, 1920년 5월부터 누마노하타 - 헤도나이(辺富内 -현·도미우치富内) 사이 약 73km의 부설 공사에 착공했다. 제1차 세계대전 중의 호황을 배경으로, 여기 홋카이도 철도 가나야마선이 "국영 철도로써 부설될 계획이었지만, 다른 노선 부설에 예산이 쓰여 국영 철도로는 되지 못했다."(『신호베쓰정사(新穂別町史)』 1610쪽)

가나야마선은 1923년 7월 24일에 누마노하타 - 이쿠베쓰(生鼈 -아사히오카旭岡) 구간, 같은 해 11월 11일에 이쿠베쓰 - 헤도나이 구간, 1923년 6월 12일에 이쿠베쓰 - 니완(似湾) 구간이 개통했다. 이 가나야마선의 부설 공사는 다코베야의 노동자에게 가혹한 것이었다. 그것에 관해서는 수많은 증언이 있고 호베쓰 정사(穂別町史)에도 기술되어 있다.

> 1917년(쇼와54), 니와(仁和) 묘지 정비의 공사 시행 중에 철도공사의 토공부(夕コ人夫) 사체 20수체(數体)가 기모노를 착용, 지카타비(地下足袋)*를 신은 모습으로 발견되어 무연고자로 매장되었다.
>
> 『신호베쓰정사新穂別町史』 1613쪽

---

* (일본 버선 모양의) 노동자용 작업화.

대표 밑에 다코(タコ) 10명에 1명꼴로 보우가시라(棒頭)*라고 하는 사람이 있어, 높은 곳에 서서 다코를 감시한다. 다코가 훈도시 하나만 걸치고 광차(鑛車)를 밀고 있을 때, 꾸물거리고 있으면 내려와 봉으로 때린다. 니완(似湾)에 히라노(平野)라는 의사가 있었지만 여기에 부상당한 자를 그대로 두고 간다. 그래서 조금이라도 늦으면 쉬고 있다고 오해해서 따라와 거꾸로 매달아 끌고 돌아간다. "아, 아" 하고 울며 소리쳐도 가까이 주재소(駐在所)가 있고 순사(巡査)도 있지만, 어떻게 할 수도 없다. 괴로워서 강을 건너 도망가는 사람도 있지만 잡히면 끝장이다. 화형당하거나 죽을 때까지 때리니까. 사카에역 마루야마(丸山)의 신호 옆에 철교가 있었는데 그 밑에 아직 숨이 붙어 있는 사람을 묻었다. 옛날에 비오는 날에는 도깨비불이 자주 나오곤 했다. 실제로 나도 몇 번이나 본 적이 있다.

『고로(古老)는 말한다 -니시오 키요노리(西尾清則)』
호베쓰초 1986년. 『호베쓰정사』1614쪽

증언 중에 「마루야마(丸山)」라는 것은 고유 지명이 아니라, 동그랗고 조금 높은 산이라는 의미의 통칭이다. 또한, 철교나 신호는 이미 철거되었다. 강기슭에는 정수장이 세워져 있고 울타리로 둘러싸여 있다. 빈사의 노동자를 묻었다고 하는 장소는 현재, 강을 사이에 두고 있어 통행할 수 없게 되어 있다.

호베쓰초에서는 1985년 무렵부터 마을의 고로(古老)에게 조언을 구해, 「고로는 말한다.」라는 시리즈를 홍보지에 연재하는 기획이 있

** 인부의 우두머리.

었다. 그러나 위에 니시오(西尾)씨의 증언은 『홍보 호베쓰』에 싣지는 않고, 정사(町史)에 그대로 게재하게 되었다.

필자는 호베쓰초 교육위원회의 협력을 얻어 호베쓰초 도서관에 보관된 니시오씨의 증언 테이프를 들을 수 있었다. 25년 전에 녹음된 증언 테이프가 이외에도 수십 개가 있어, 호베쓰초에서는 1985년에 녹음된 테이프를 원고로 문서화하는 작업을 하고 있다고 한다. 철도 부설뿐만 아니라 마을의 근대사에 관해 알려져야만 하는 사건이 발굴될 가능성이 있다.

사진15는 이전의 가나야마선의 사카에역에서 다리로 향하는 장소이다. 정수장의 문에서 똑바로 걸어가면 다리가 나온다. 사진16은 사카에역의 철교의 흔적이다. 정수장 울타리의 맞은편에 다리가 있었다. 작고 둥근 산속에는 다코베야 노동자의 유해가 묻혀 있을 것으로 여겨진다.

사진 15 구 가나야마선(金山線), 사카에역(栄駅)부근, 현재는 정수장 시설

사진16 구 사카에역(栄駅) 철교 터에 많은 다고베야 노무자 등이 묻혀있다고 하는 마루야마. 건설 사무소 사유지이기 때문에 현재는 입산 금지로 되어 있다.

호로케시(幌毛志) 터널(무카와초 아즈미, 비라토리초 호로케시)

1923년(다이쇼11년)에는 헤도나이(辺富內 -현재는 도미우치)까지 개통되었던 가나야마선이지만, 헤도나이선은 도카치(十勝)에서 히다카(日高)를 지나 헤도나이에 이르는 114km의 도남(道南)과 도동(道東西)를 잇는 철도로써 부설이 결정되었다. 사루카와(沙流川)·무카와(鵡川)의 상류 지역의 크롬·석탄 등의 자원 개발과 운송을 목적으로 도미우치에서 후레나이(振內)에 이르는 노선의 부설을 서둘렀다. 후레나이에는 일본 국내에 총생산량의 6할을 공급할 정도로 크롬을 생산한 핫타(八田) 광산이 있고, 그 전의 이와치시(岩知誌)·니세우(仁世宇)에는 닛토(日東)광산·신닛토 광산 등이 있었다. 크롬 운반을 위해 철도부설이 시급하기도 했고, 헤도나이선 부설의 원래의 목적이기도 했다.

헤도나이 - 후레나이 사이의 터널 공사는 1941년(쇼와 16년) 1월에 착공했다. 하지만 팽창성(膨脹性) 토질과 지하수 등의 장애가 있어, 1944~1945년 1월에 네 군대의 갱구(坑口) 공사를 중지했다. 종전 후의 1946년 1월부터 공사를 재개하였지만 1948년 9월에 GHQ의 지령으로 공사가 중지되었다. 그로부터 5년 후인 1953년 2월에 신규 착공 노선으로 채택되어 1956년 8월에 공사가 재개되었고, 1956년 11월에 완성되었다. 중지되었던 기간을 포함해 착공까지 18년이 소비된 것이다.

이 터널 공사에는 많은 조선인 노무자(勞務者)가 동원되었고 또한 많은 희생자가 나왔다고 하는 수많은 증언이 있다.

가야노 시게루(萱野茂)씨는 1988년(쇼와 63년) 6월에 비라토리초 의회에서 비라토리정사(平取町史)의 편찬에 대해 마을에 요망(要望)하는 바를 기술했다. 비라토리 각 지역의 역사를 '부락사(部落史)'로써 지역의 시점에서 정리하였고, 수년 후에 그것을 마을 전체의 백년사(百年史)와 같은 형태로 편찬한다. 또 편찬을 위해서도 지역의 역사를 잘 아는 고령자 분들의 인터뷰를 하루라도 빨리 해야하는 것을 이하와 같이 요청하고 있다.

핫타광산의 기록, 닛토광산의 기록, 마루혼(マルホン)광산의 기록에 더해 포로케시(ポロケシ) 터널의 비참한 기록 등 여러 가지의 증거가 있습니다. 이러한 이유로 각각의 지역 사람들에게 물어 그것을 원고에 적는 일은 옛날의 정사편찬(町史編纂)과는 다릅니다. 빠른 시일 내에 승낙 하실 수는 없겠지만, 염두에 두어 꼭 예산화(豫算化) 하도록 부탁드리고 싶습니다.

이 가야노(萱野)씨의 요청을 받아들여 마을장은 "가볍게 가능한 고로(古老)의 기억을 정확히 테이프로 보존하는 것은 불가능하지 않다."라고 생각해, 10년 후의 일이 될지 모르지만 정확한 자료를 정비해 가는 방법을 강구해 나가겠다고 답했다.

마을 의회에서 15년 후인 2003년에 『비라토리초 백년사(平取町百年史)』가 발간되었다. 이것은 1,000페이지가 넘는 대저(大著)로, 각 마을의 역사가 책의 맨 끝에 정리되어 있는 형식이지만, 가야노씨가

바랐던 "포로케시(ポロケシ) 터널 공사의 비참한 기록"에 대해서는 단 한 글자도 기술되지 않았다.

필자가 후레나이 향토사(郷土史)를 집필함에 있어, 2006~2008년에 걸쳐 조사하는 중에 현재는 경작되고 있지 않은 호로케시(幌毛志) 일대가 옛날에 조선인 숙소나 다코베야가 세워져 있던 장소라는 사실을 알게 되었다. 그리고 그곳에서 탈출한 조선인이나 다코베야 노동자를 숨겨주고 탈출을 도와주었다는 사람들의 증언을 들을 수 있었다. 거기까지 호로케시 지구의 전전(戰前) 모습을 기술하고 있는 사료는 없었고 도미우치선이 개통한 즈음의 활기 넘치는 모습과 폐선(廃線) 후의 쇠퇴한 모습을 기억하는 사람은 있어도 도미우치선 부설 시기의 공적인 기록은 존재하지 않았다.

어린 시절, 도미우치선의 부설 현장 근처에서 살았던 아이누 사람들이 있었다. 그들의 증언은 모두 하나같이 유사했다. 도미우치선 건설 현장 근처에는 많은 조선인 노무자들과 일본인 다코베야 노동자들이 가혹한 노동 현장에서 일하고 있었다. 당시 호로케시 지구에 살고 있던 S씨는 다음과 같은 얘기를 했다.

어린 시절에 어느 날, 모르는 아저씨가 밭에서 열심히 잡초를 뽑고 있었다. 갑자기 무성한 잡초 더미에서 나타나 엄청 놀랐다. 지금도 그 사람의 얼굴을 또렷이 기억하고 있다. 머리카락을 늘어뜨린 동그란 얼굴의 아저씨였다.

서둘러 할머니에게 말하러 갔더니, "그렇게 놀라지 않아도 된단다. 같은 인간이니까."라고 말하며, 그 사람이 있는 곳으로 향했다. 그 아저씨가 할머니를 보고 손을 모으자 할머니도 똑같이 손을 모아 "밥"이라고 말했고, 그 사람도 "밥"이라고 대답했다. 할머니는 "이 사람은 괜찮다."라고 말하며 밥과 된장국을 대나무 상자에 넣어 그 사람에게 내밀었다.

또한, 밭 구석에서 옥수수를 구웠던 모닥불의 흔적을 자주 볼 수 있었다. 공사현장에서 그곳으로 도망쳐 온 사람들이 먹었을 것이라고 생각했다. 열 살 연상의 형은, 그가 열세 살 무렵에 아침 일찍 일어나 근처를 돌아다니거나 하고 있을 때, 밭의 구석에서 포도를 먹고 있는 사람을 발견했다고 한다. 도망쳐 온 조선인일 것이라 말했다. 그 형은 16,7세 무렵 공사현장의 감시자 역할을 하고 있었다. 아직 젊었으나 노동자들로부터는 '감독, 감독'이라고 불려졌다. 노무자들이 자신들에게 주어진 배급 담배를 형에게 주려고 하는 것을 항상 거절했다고 한다.

창고와 마구간에는 '절대로 접근하지 마라'며 늘 이야기 했다. 지금 생각해보면 거기에는 도망쳐 온 조선인들을 눈감아 준 것이 아닐까라고 네 살 연상의 누나는 말한다. 형은 공사 현장의 감시자였음에도 불구하고, 너무 가혹한 상황에 있는 조선인들을 도망가게 하거나 보고도 못 본 척 눈감아 준 경우도 있었다.

전후, 형의 도움을 받았던 사람이 보답으로 아즈미(安住) 집을 찾아오는 일이 종종 있었다. 그중에는 중국인도 있었다.

소학교에 들어갔을 무렵, 쇼와 19년경이었다고 생각한다. 교실 창문에서 밧줄로 연결된 사람들이 두 줄을 지어 걷고 있는 것을 보았다. 선생님은 '보지 마라' 라고 말했지만, 보지 않을 수가 없었고, 허리 부분을 끈으로 묶어 일정한 간격을 두고 걸어가는 사람들은 호로케시(幌毛志) 철도 건설을 위해 끌려가는 것 같았다. 너무 많은 사람들이 있었다. 어린 마음에 '10시에 떠나는 도미우치선(富内線)을 타러 온 것일까' 라고 생각했다.

아즈미(安住)의 높은 곳에 있는 집에서 골짜기를 하나 끼고 공동묘지가 있었다. 그 공동묘지에서 매일 피어오르는 연기가 보였다. '아, 또 사람이 죽었구나' 라고 생각했다. 당시에는 화장터는 없고 묘지의 공터에 철판을 깔고 그 위에 시체를 놓고 화장했다. 초반에는 이와 같이 화장을 진행했지만, 후반에 들어서는 화장 할 겨를도 없이 그대로 두어, 길가에 시체가 널브러져 있었다. 또는 그대로 철도에 생매장되기도 했다. 어른들은 보면 안 된다면서 시체 위에 나뭇가지 등으로 덮어 숨겼지만, 전후 시체를 그대로 두면 안 되니까, 1982년 아즈미의 공동묘지에 무연비를 세우기로 했다.

사진17 구 도미우치선. 제일 잇탄(日胆) 터널 도미우치 측의 출입구

사진18 구 도미우치선 판케오소케나이 교량(パンケオソケナイ橋梁) 흔적

사진19 노무 희생자를 태우는 연기가 매일 솟아오른 것을 본 장소 아즈미(安住). 골짜기 넘어 공동묘지.

사진20 조선인 노무자가 탈출하여 온 장소 (아즈미). 당시는 10세대 정도가 주거하고 있었다. 현재는 야마키시 시험 목장

호베쓰(穗別) 공동묘지

호베쓰 공동묘지(共同墓地)는 1913년(다이쇼 11년)에 세 군데, 1925년(다이쇼 14년)에 아즈미 외 11개가 개설되었다. 이후 1929년(쇼와 4년)까지 세 군데가 설치되어 호베쓰 공동묘지는 총 여덟 군데가 되었다.

이 공동묘지들은 마을 사무소가 주민들의 요구에 따라 마을 회의의 결의를 거쳐 도청에 허가 신청한 것이 받아들여져, 호베쓰 촌장이 홋카이도 청장관에게 홋카이도 국유(国有) 미개지(未開地) 처분법 제4조에 관한 무상하부(無償下附)를 신청하여 개설되었다.

이들 묘지의 모든 곳에 화장장이 설치되어 있었고, 화장 작업은 화로 또는 노천에서 진행됐다. 호베쓰초 전역에 화장터가 설치됐던 것은 1965년(쇼와 40년)부터이다(『신호베쓰정사』 1469-1971쪽).

홋카이도의 대부분의 시 군 면에서는 1960년대부터 묘지의 정비가

이루어졌다. 「묘지정비조례」를 바탕으로 1910년대부터 지역의 공동묘지였던 곳이 새로운 장소로 이전되거나 같은 장소에 있어도 구획 정비가 이루어졌다. 이러한 묘지 정비 사업이 지금까지의 묘지 풍경을 바꾸어 놓았다는 상상은 어렵지 않다.

선주자(先住者)였던 아이누 사람들의 무덤은 나무 묘표(墓標)이며, 성묘라는 관습도 없었다. 가족이나 친족이 죽으면 시체를 매장하고 나무의 묘표를 세우고 다른 사람이 사망 할 때까지 무덤을 방문하는 일도 없다. 묘표 나무가 자연적으로 썩어 가기 때문에 영혼이 천국에 가는 것이라고 생각했던 것이다. 각지의 향토사에서도 새롭게 정비된 묘지의 모습을 볼 수 있지만, 정비되기 전의 묘지의 모습이 기록으로 남아있는 것은 없다.

호베쓰는 1969년(쇼와 44년) 묘지의 정비를 실시, 호베쓰 묘지 조성을 결정하고 그해 6월 29일 「호베쓰초 묘원 사용 조례」를 규정해, 1971년부터는 이전이 실시되었다. 이에 따라 이즈미(和泉) 지역의 구 묘지를 폐지하고 새로운 이즈미 묘지를 개설하기로 결정하였다. 새로운 묘지의 구입을 원할 시, 신청과 추첨을 통해 "묘원을 더욱 아름답게 만들기 위해, 추첨 당일 도마코마이시(苫小牧市)에서 묘지가게의 관련자를 불러 견본을 진열시켜 저렴한 가격으로 알선하기 때문에, 이를 계기로 가능한 묘석을 바꿀 것을 호소했다."(『홍보 호베쓰』제132호, 1971년 『신호베쓰정사』 1474~1475쪽)고 한다.

이즈미 지구는 아이누 사람들이 강제 이주당한 장소이며, 구 묘지는 아이누 사람들의 묘지였다. "가능한 묘석을 바꾸라"는 호소가 단순히 "묘원을 더욱 아름답게 만들기 위해서"라는 심미적 이유라면, 그것은 아이누 사람들에게 참기 힘들 정도의 어려움이라고는 말할 수 없을 것이다. 그러나 생활 습관에 거의 동화되어 있던 아이누 사람들에게 자신의 문화를 있는 그대로 보존하는 장례와 매장이라는 마지막 풍습까지 소멸시켜 버린다고 하는 심각한 국면이었던 것이다.

묘지의 '근대화'라는 것은 대수롭지 않게 생각할 수도 있는 생활 양식의 변화 중 하나였지만, 민족과 문화에 있어서 그것은 더없이 중요한 핵심적인 부분의 침식이었다. 더욱이 이러한 구 묘지에서 신 묘지로의 이전에 따른 무연고자 묘의 문제가 각지에서 일어났다. 아이누 사람들의 유골과 함께 호베쓰의 각 지역에서 가네야마선, 도미우치선, 호로게시의 터널 공사 등에 따른 많은 조선인 노무자와 다코베야 노무자의 유골과 시신이 새롭게 발굴되었기 때문이다.

호베쓰 묘원에서는 1974년 10월 26일의 구 묘지 이전에 따라 92체의 무연고 사체를 안치하는 무연비를 건립하고 혼이 담긴 의식이 거행되었다(『신호베쓰정사』 1474쪽). 이 호베쓰 묘원은 현재 니와(仁和) 지구의 에이린지(永林寺) 위쪽의, 일찍이 사카에(栄)역에서 강을 사이에 둔 높은 장소에 있다.

또한 1982년(쇼와 57년) 아즈미에 있는 도미우치 묘원이 정비할 즈음, 구 묘지에는 당초 예상했던 수 이상의 무연고 사체가 있을 수도 있다고 판명되었다. 때문에 같은 해 64만 엔의 보조 사업으로는 대응할 수 없게 되어, 다음 년도에도 126만 엔을 투입하여 무연비를 건립한다(같은 책 1474 쪽). 이는 전술한 S씨의 증언에서도 있었던 수많은 시체가 그대로 방치되어 있던 진술과도 일치하는 것이다.

기억 표상의 폭력

홋카이도라는 지역의 특수성으로 '개척'부터 거의 5세대에 걸친 듯한 취락에서는 이주한 일본인(和人)들이 친척과 같은 긴밀한 관계를 구축하고 있는 것을 알 수 있다. 묘지정비조례에 따라 원주민인 아이누 사람들의 전통적인 묘지도 근대화되어 왜인(일본인) 묘지와 같은 형태로 변모했다. 그런 취락의 묘지에 있어 '무연고자(無緣仏)'란, 근대의 극히 제한된 피해자 사체라고 할 수 있다. 그것은 비라토리(平取)의 각 지역에서 보인 것과 같은 철도부설과 터널 공사의 노무 동원에 관한 것이지만, 공공 기록에서는 그 자체를 언급하지 않았다. 위령비에 관해서도 구체적으로 어떠한 사실이 있었는지에 대해 다룬 것은 겨우 니부타니 아이누의 유골에 관한 것뿐이다.

'죽음'은 항상 강력한 민족주의의 틀 속에서만 이야기되는 것은 아니다. '국민(일본인)의 죽음'만이 기억에 새겨져야 하며, '조선인의 죽음'은 세심한 기억과 기록에서 배제되어야 하는 것으로 기록되어 있다. 비라토리초와 호베쓰초의 다양한 위령 공간은 여러 사람들이 뒤섞인 역사를 상징적으로 나타낸 장소이며, 기억의 날조와 의도적인 망각, 그리고 그 망각에 대항하는 힘이 서로 맞서는 장소이기도 하다.

기억을 둘러싼 투쟁은 전 세계에서 무수히 벌어지고 있지만 아이누 민족과 조선인을 둘러싼 복잡한 역사를 포함하여 일본이라는 국가적인 맥락에서 이야기할 수 있는 기억의 속박의 강함을 통감한다. 비라토리초와 호베쓰초라는 지역의 기억과 투쟁은 어떠한 역사를 계승해 나가는가에 대한 하나의 시금석이 될 것이다.

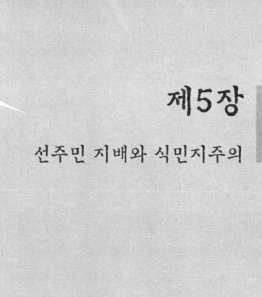

제5장

선주민 지배와 식민지주의

아이누 인골 반환소송과 오가와 류키치(小川隆吉)씨

2007년(헤이세이 19년) 유엔 총회에서 「선주민 권리에 관한 연합 선언」이 채택되었다. 이에 따라 이듬해인 2008년 6월에는 일본의 중참양원(衆參兩院)에서 「아이누 민족을 선주민으로 여기는 것을 결정하는 결의」가 결의되었다. 이러한 논의가 만장일치로 채택된 것은 일본이 단일 민족국가라고 하는 종래의 정부 견해로부터 크게 전환한 획기적인 것이었다.

근대기 이후 아이누는 일본화되면서 말과 이름을 빼앗기고 많은 전통문화 착취당했다. 하지만 그럼에도 불구하고 여전히 굴욕적인 차별 속에 있던 아이누인들에게 이 결의는 선주민으로서의 긍지와 존엄성을 되찾기 위한 중요한 계기가 될 것이었다.

그러나 이 결의 이후 2009년에 정부에 제출된 「아이누 정책 방향에 관한 유식자(有識者) 간담회」 보고서에서는 가장 중요한 아이누 민족의 선주민 권리, 그리고 정부의 아이누 민족에 대한 사죄와 보상에 관한 항목은 아무것도 제시되지 않았다. 단지 관광을 중심으로 하는 아이누 민족의 문화와, 역사의 발신(發信) 거점으로써 시라오이(白老)의 「민족 공생의 상징이 되는 공간」 구상이 제안되었다. 이 「민족 공생의 상징이 되는 공간」이라는 것은 "선주민으로서의 아이누의 존엄성을 존중하고, 아이누 문화가 직면하고 있는 과제에 대응하면서 일본이 미래를 향해 다양하고 풍부한 문화와 다른 민족과의 공생을 존중하는 사회를 형성하기 위한 심볼이 될 것"을 구가하고, 전시·체험·교류·문화 시설 주변의 공원 기능, 아이누의 정신문화를 존중하는 기능을 구축한다고 되어있다.

그 내용에는 역사·문화 등의 종합적, 일체적인 전시, 실질적인 조사 연구, 전승자 등의 인재 육성 등도 포함되어 있긴 하지만, 이 '상징 공간'의 두드러진 특징은 "아이누의 정신적인 문화를 존중하는 기능"으로써 "대학 등에 보관되어 있는 아이누 인골 중에 유족들로 하여금 반환 요구가 없는 것은 국가가 주도하는 상징 공간에 집약하여, 존엄 있는 위령으로 배려"한다는 부분이다.

에도(江戶) 시대 말기부터 아이누 인골의 도굴이 이루어지고 있었다. 최근 학문을 명분 삼아 아이누 민족의 존엄을 철저히 유린하는 인골 도굴이 대규모로 이루어졌다. 아이누 민족은 2012년 9월 15일부터 홋카이도 대학에 소송을 진행했는데 그 이유는 유골들의 반환을 위한 것이었다.

현재 홋카이도 대학 동물 실험실에서 발견된 아이누 민족의 유골은 1,000구를 넘어 동물 실험실 옆에 세워진 납골당에 안치되어 있다. 홋카이도 대학뿐만 아니라 도쿄대학, 오사카대학 등에 보관 되어있는 것까지 포함하면 아이누 민족의 인골은 1,500구가 넘음에도 불구하고 반환을 요구하는 아이누 민족의 목소리는 지금까지 무시되어 왔다.

이 유골을 집약해 놓은 시라오이의 '상징 공간'이라 불리는 '존엄 있는 위령'이란 과연 무엇일까. 일본에서도 다민족(多民族)이 존재한다는 것을 공개적으로 선언한 중요한 결의는 '민족 공생의 상징이 되는 공간'의 구상에 의해 의도적으로 환골탈태되었을 뿐만 아니라, 아이누 민족에게 있어서는 더욱 극심한 굴욕과 억압을 강요하는 실태가 되어 버린 것이 아닌가!

오가와 류키치(小川隆吉)씨에게 최초로 이야기를 들은 것은 2006년 2월 8일이다. 삿포로(札幌)시내 오가와씨 댁에서는 이시하라 이쓰코(原誠イツ子)씨(삿포로당 서점 이시하라 마코토石原誠씨의 동행자)의 입회하에 이루어졌다. 이때의 오가와씨의 증언은 석순희(石純姬)씨의 「홋카이도 근대의 조선인의 정주화와 아이누 민족」(『동아시아 교육 문화 학회 연보』 제3호. 2006년)에 기록되어있다.

필자가 아이누 민족과 조선인의 유대에 대해 청취를 시작하고 나서 오가와씨는 두 번째 증언자였다. 2006년부터 2017년 사이에 오가와 류키치씨는 자서전을 출판했고, 재판에서 아이누 인골 반환소송의 원고가 되어 피고 홋카이도 대학과의 '화해'에 이르렀다. 오가와씨에게 바쁜 시기이며 또한 아이누 역사에 있어서도 중요한 역사적 전환기였다고 말할 수 있다.

조선이 일본의 식민지가 된 1910년 이후 조선인의 인구 통계가 홋카이도에서도 밝혀져 있으며, 1911년(메이지 44년)의 여섯 명이라는 것이 가장 최근의 통계로 확인된 인구이다. 그러나 통계에는 명시되어 있지 않더라도, 메이지 시대 초기부터 홋카이도의 조선인의 존재를 확인할 수 있는 사실은 지금까지도 이 책에서 꾸준히 언급을 해왔다.

오가와씨 가문은 대대로 조선에서 목수 집안이었지만 일본의 식민지 지배하에 파산하여 빚을 지게 되었다. 오가와씨의 아버지 이수부(李秀夫)씨는 일본에 건너가 통역으로 노무자와 감독 사이에서 일하

게 되었다. 그는 오비히로(帯広)의 터널 공사에 종사하였고 그곳에서 탈출을 계획했다. 히다카(日高) 산맥을 넘어 도착한 곳이 아이누인들의 마을이었고, 그곳에서 아이누 여성과의 사이에 오가와 류키치씨가 태어났다. 또한 오가와씨의 반평생은 2015년 10월에 출판된 자서전 『나의 우챠시쿠마(ウチャシクマ)』(龍澤正構成, 壽郎社)에 상세하게 적혀있다.

오가와씨는 수년에 걸쳐 아이누 인골의 반환에 대한 조사 활동을 계속해왔지만, 2012년에 먼저 기술한 바와 같이 홋카이도 대학에 아이누 인골 반환을 요구하는 소송의 경위 등에 대해서는 「홋대(北大) 개시 문서 연구회」발행 『코카누 에네(목소리 듣기)』 외에서 알 수 있다. 여기에서는 그 재판의 개략(概略)에 대해 기술한다.

1980년(쇼와 55년) 홋카이도 히다카초 아쓰카(厚賀) 출신의 아이누 민족인 고(故) 가이바 사와히로(海馬沢博)씨(무사시노대학武蔵野大學 수의대 졸업 당시 자치부 위원장)가 홋카이도 대학 총장에게 항의문을 보냈다. "과거 고다마 사쿠자에몬(児玉作左衛門) 홋카이도 대학 의학부 교수가 법 절차를 거치지 않고 마음대로 아이누 민족의 무덤을 발굴하여" "인골 150구를 가져간 사실은 용서받지 못할 문제"라며 유족에게 인골을 반환할 것을 요구했다. 이것이 홋카이도 신문에 보도되어 당시의 홋카이도 우타리(ウタリ) 협회 이사가 사실을 확인하게 되었다. 1983년 9월 16일 오가와씨는 가이자와 다다시(貝沢正)씨, 노무라 기이치(野村義一)씨, 스기무라 교코(杉村京予)씨, 사토 유키오(佐藤幸雄)씨, 구즈노 슈이치(葛野守一)씨 등과 함께 홋카이도 대학 의학부의 '동물 실험실'을 찾았다.

창문에는 모두 커튼이 걸려있고 선반에는 늑대의 두개골이 여섯 개, 부엉이의 두개골이 여섯 개씩 있었고 그 옆에 동물들의 표본처럼 인간의 두개골이 벽 일면에 나란히, 두개골에 하나씩 번호가 매겨져 'AINU'라고 영문으로 설명이 붙어 있었다. 동행하고 있던 기무라 교코씨는 울음을 터뜨리고는 "용서하세요."라고 세 번 외친 후 무릎을 꿇었다. 그리고 접시에 담배를 놓고 그 연기로 공양을 시도했다. 분노와 굴욕이 눈앞을 가렸다고 스기무라씨는 이야기했다. 3년 후인 1986년 홋카이도 대학 의학부가 납골당을 건설하게 되었다. 그러나 그것은 의학부 주차장 한구석이며, 「의학부 표본 보존고 신영 공사」라고 명명된 간판이 세워져 있었다.

왜「아이누 민족 납골당」이라고 쓰지 않은 것인가에 대해 문의하니 "국립대학은 정교(政敎) 분리를 요구한다. 납골당 건설이라는 공사 이름으로는 예산이 나오지 않으니까. 회계 감사가 완료될 때까지 기다려 달라."는 대답만이 있을 뿐이었다.(2001년 6월 10일 심포지엄 「방황 유골들」 자료집에서)

이러한 경위로 납골당은 홋카이도 대학 의학부 주차장에 건설하게 되었다. 건물면적 74평방미터, 공사비 1,640만 엔. 명칭은「의학부 표본 보존 창고」이었다. 이것은「아이누 납골당」이라는 종교 색깔이 강한 명칭을 사용할 수 없다고 하는 홋카이도 대학 측으로부터의 해명이지만, 이같이 거듭되는 충격적이고 굴욕적인 경험에서, 오가와(小川)씨는 홋카이도 대학 측에 유골 반환 요구를 결의했다.

이러한 가운데, 2000년 1월 10일에 오가와(小川)씨에게 홋카이도 대학 의학부의 학생으로부터 전화가 왔다. "오가와(小川)씨가 찾고 있던 아이누 인골 대장으로 생각되는 물건을 발견했습니다." 라는 것이었다. 다음날 오가와(小川)씨는 홋카이도 대학 하야시 타다유키(林忠行) 부학장과 면담하고, 대장의 개시를 요청하지만, 하야시 부학장은 "기술 내용에 차별적인 것이 있다."고 개시할 수 없는 이유를 말했다. 그 3일 후에 오가와(小川)씨는 정보 개시 청구 절차를 밟아 우여곡절이 있었지만, 9월에 아이누 인골에 관한 문서 27점이 개시되었다.

2008년 1월 17일, 오가와(小川)씨는 국립대학 법인 홋카이도 대학 총장 앞으로 "홋카이도 대학 의학부, 고다마 사쿠자에몬(児玉作左衛門)이 수집한 아이누 인골대장과 그것에 관련된 문서"의 개시를 청구하였다. 이것에 대하여 홋카이도 대학이 개시하였던 문서는 「아이누 인골 대장」이라고 제목을 붙인 A4 사이즈 38페이지의 문서였다. 이것은 워드 프로세서로 입력된 문서였다. 그 근원이 되었던 손으로 쓴 대장의 존재가 상정(想定)되었다. 오가와(小川)씨는 재차 홋카이도 대학에 그 문서의 개시를 청구했다.

2011년 12월, 우라카와초(浦河町) 기네우스(杵臼)의 아이누 묘지의 위법적인 도굴에 대하여, 오가와 류키치(小川隆吉)씨, 죠노구치 유리(城野口그리)씨 외 1명이 홋카이도 대학에 대하여 유골 도굴에 관한 문서와 유골반환을 신청하였지만, 홋카이도 대학으로부터의 대답은 없었다.

오가와(小川)씨, 조노구치(城野口)씨들은 2012년 3월 17일에 홋카이도 대학 총장과의 면회를 요청하였지만, 홋카이도 대학에서는 3월 14일 면담은 불가능하다는 회답 문서를 보내왔다. 이것을 받고 오가와(小川)씨와 조노구치씨는 3월 17일, 홋카이도 대학 총장과의 면회를 요구하고 대학까지 찾아가지만, 눈 속에서 두 시간 이상 기다렸으나 문전박대 당하였다. 이 같은 경위를 거쳐, 2012년 9월 14일, 오가와 류키치(小川隆吉)씨, 죠노구치 유리씨 외 1명이 원고가 되어, 홋카이도 대학을 상대로 아이누 인골 반환소송을 시작하였다.

이후의 재판 경위와 인골 반환을 둘러싼 문제에 관해서는 홋카이도 대학 개시 문서 연구회 편저 『아이누의 유골은 고탄의 땅으로』(료쿠후출판緑風出版, 2016년)에서 자세한 내용을 알 수 있다. 이하는, 같은 책에 기재되지 않은 사항에 관하여 기록해 둔다.

2015년 3월 27일, 홋카이도 대학은 기네우스(杵臼)·우라호로(浦幌)·몬베쓰(紋別)에서의 유골함의 상황을 기록한 문서와 사진을 원고에게 공개하였다. 대·중·소로 분류된 유골함의 표와 지역별로 나누어진 상자 수의 표도 공개되었다. '대'는 인골을 2개로 접어 구부려 보관, '중'은 뿔뿔이 흩어진 인골, '소'에는 두개골이 보관되어 있었다. 원래는 플라스틱 용기에 넣어져 있었지만 당일은 나무상자에 보관되어 있었다고 한다. 오가와(小川)씨 어머니 쪽 조부의 유골은 '대'에 넣어져 있으며, 두개골에 매직으로 '오가와 가이이치로(小川海一郎)'라고 써져 있었다고 한다. 유골에 대한 취급은 존엄이나 경외의 마음으로부터 아주 먼 것이었다.

오가와(小川)씨 측이 원고가 된 아이누 인골 반환소송은 2016년 3월 25일 오후 3시, 삿포로(札幌)지방재판소 민사 제5 화해실에서 '헤이세이 24년 (ワ) 제2049호'의 「화해」가 성립하고, 기네우스 12구의 유골이 홋카이도 대학으로부터 반환받게 되었다. 오가와(小川)씨의 숙부 유체 1구와 특정 가능한 유골 4구, 특정 불가능한 유골을 아울러 12구가 반환되었다. 하지만 10항목으로 이루어진 화해조항의 주요한 점을 요약하면 다음과 같다.

(1) 피고 홋카이도 대학은 매장이 가능하게 되었다는 통지를 받으면, 신속히 기네우스 생활관에서 유골과 부장품(副葬品)을 인도하고, 운반 비용을 부담한다.

(2) 피고 홋카이도 대학은 웹사이트 상에 2016년 9월 말까지 다음과 같이 공고한다.

① 제사 승계자를 특정하는데 필요하고도 합리적인 정보.

② 공고일로부터 1년을 경과할 동안에 한하여, 해당 제사 계승자로부터 유골 반환 신청을 받을 것.

(3)~(5) 생략.

(6) 피고 홋카이도 대학은 묘지 사용료 및 매장에 관한 비용 106만 7600엔을 유우쵸(ゆうちょ) 당좌예금 계좌에 불입하여 지불한다.

(7)~(9) (생략)

(10) 소송비용 및 화해비용은 각자의 부담으로 한다.

이와 같은 화해조항은 특정 가능·불가능을 포함한 16구의 유골 반환에 관한 정보를 2016년 9월 말일에 한하여, 웹상에 제시한다고 하는 매우 불충분한 주지의 상태였다. 더욱이 제사 계승자를 특정하지 않으면 안 된다고 하는 조건, 1년 내에서만 반환 등 많은 문제가 있다. 운반·매장 비용으로 106만 7600엔이 타당한가도 의문이다. 게다가, 재판 비용에 관해서는 원고·피고 쌍방의 부담이었다.

가장 큰 문제는, 이「화해」에는 홋카이도 대학으로부터 원고 및 유골을 발굴당하고 빼앗긴 모든 아이누 민족에 대한 사죄가 포함되어 있지 않다는 것이다. 유골 도굴이라는 불법 행위가 인간의 존엄을 해하는 것이라는 인식이 홋카이도 대학 및 연구자들의 의식에서 결핍되어 있다고 말하지 않을 수 없다. 그것은 일본에서 선주민 결의가 채택된 때에도, 선주민족 아이누에 대한 사죄가 없었던 것과 부합된다. 불법적인 유골 발굴을 행한 연구자의 명예나 존엄은 지켜지고, 도굴당한 유족을 비롯한 모든 아이누 민족의 명예나 존엄은 지금도 계속 유린되고 있는 것이다.

벨기에 국제정치학자 발레리 로즈씨(루반 카톨릭 대학 주임연구원)는 「화해」에 관해서 이렇게 지적한다.

> 화해는 언뜻 보기에 궁극적인 목적처럼 생각됩니다. 하지만 상황에 따라서는 화해 같은 건 불가능하고, 항상 화해가 필요하다고도 할 수 없습니다. 중요한 것은 오히려, 문제는 화해가 현실로부터 얼마나 멀리 떨어져 있는가를 아는 것입니다.
>
> 「전쟁의 기억과 화해」, 『아사히신문』, 2016년 2월 10일.

이 재판에서 화해의 실태와 본질 그 자체의 지적이라는 것이 가능하다. 하지만 이 재판 소송으로 인해, 아이누 민족을 둘러싼 여러 문제가 사회에 제기된 것은 분명하다. 아이누 모시리(モシリ)가 홋카이도로 되었을 때, 아이누 거주지는 정부나 황실의 것이 되고, 아이누는 토지를 빼앗겼다.

또한, 식민지 조선에서도 1905년 이후의 일본 보호국 시대로부터 많은 일본인이 조선에 이주하여, 일본과는 비교되지 않을 만큼 값싼 가격에 많은 토지를 일본인이 소유하였다. 게다가, 1910년 식민지화 이후는 토지조사사업이 행해졌다. 조선의 농민은 일본어로 기재된 자세한 토지 등기절차를 이해하지 못하여, 많은 농민이 선조 대대로부터의 토지를 일본에 빼앗기고 일본인 농가의 소작농으로서 일하게 되었다.

그때의 수법은 바로 이번 유골 반환의 절차와 매우 닮아있다. 짧은 주지(周知) 기간에 어려운 절차 신청이 필요하여, 그것을 이해할 수 없는 선주민이나 식민지의 피지배자들은 토지나 유골을 수탈당한다. 국가에서 선주민 지배·식민지 지배의 가장 근원적으로 폭력적인 수탈의 자세이다.

하지만 「화해」 후의 오가와(小川)씨가 말하고 있듯이, 선조의 뼈가 원래의 토지에 돌아갈 수 있는 통로는 만들어졌다. 시라오이(白老)의 「공생 공간」으로의 유골 집약까지, 얼마만큼의 유골이 각각의 고탄(コタン)에 돌아갈 수 있는지는, 앞으로 아이누 민족의 주체적인 대처에 달려 있다. 하지만 본래는 홋카이도 대학이 아이누 민족 모

두에게 사죄하고 유골 반환에 관계된 모든 책임을 져야 하는 것은 말할 필요도 없다.

2016년 7월 15일, 홋카이도 대학 의학부 동물실험실 옆에 세워진 아이누 인골 납골당에서, 기네우스(杵臼)로 12구의 유골이 반환되었다. 오가와 류키치(小川隆吉)씨는 '모두 함께 돌아가자' 라고 말하며 나무상자를 두드렸다. 오전 11시, 납골당에서 오가와(小川)씨 어머니 쪽의 조부 오가와 가이이치로(小川海一郎)씨의 유골을 포함한 12구는 대1·중1·소10의 나무상자에 하얀 천으로 싸서, 홋카이도 대학이 준비한 왜건차량으로 우라카와초(浦河町) 기네우스의 생활관으로 향하였다.

오후 3시에 유골은 기네우스 생활관에 도착하여, 유골 반환 소송의 원고, 고·조노구치 유리(故·城野口그リ)씨의 남동생 야마자키 요시오(山崎良雄)씨 등 50명이 가무이노미(カムイノミ)로 유골을 맞이하였다. 홋카이도 대학 부학장 미카미 다카(三上隆)씨는 "개인적으로 안심했다"고 말하였지만, 화해 조항에서도 요구되지 않았기에 사죄의 말은 입에 담지 않았다. 반환식에서 홋카이도 대학 측은 아이누 유족과 "대화하지 않겠다."고 하였다. 사죄를 둘러싼 논쟁이 될 수도 있다는 이유에서이다. '사죄 없는 화해' 가 성립된 현장이었다.

시즈나이(静内)의 가츠노 에카시(葛野エカシ)가 진행한 가무이노미(カムイノミ) 종료 후, 홋카이도 대학 개시 문서 연구회 외 참가자 50명 정도가 둘러앉아서 의견이나 감상을 서로 말하는 '나눔' 의 시간이 마련되었다. 그때, 한 남성이 갑자기 "정말로 죄송합니다." 라

고 소리를 높여, 쌓인 감정을 터뜨린 듯이 울면서 유족과 유골에 향하여 깊숙이 머리를 숙였다. "홋카이도 대학의 교직원으로서 진심으로 사죄합니다."라고 그 남성은 말했다.

그 사죄의 말에 일순간 회장은 정적에 휩싸였다. 모임 종료 후, 참가자 각자가 개인적으로 모여 담화를 하는 가운데, 그는 홋카이도 대학의 교원으로서, 연구자의 윤리에 따라 이번 유골 반환에 관해서는 사죄해야 한다고 강하게 말하며, 홋카이도 대학 2,000명의 교직원 전원의 사죄를 모을 의사가 있다고 말했다. 홋카이도 대학의 완고한 사죄 거부에 반해, 연구자 개인으로서의 양심에 따라 유골 반환에 적극적으로 대처하는 홋카이도 대학 교원도 있었던 것이다.

7월 17일, 12구의 유골은 가무이노미(カムイノミ) 후, 나무나 새끼줄로 만들어진 유골을 옮기는 도구에 태워 생활관에서 기네우스의 공동묘지까지 걸어서 옮겨졌다. 말 목장 사이의 1km 정도의 행렬은 나아가, 전에 홋카이도 대학의 연구자들에 의하여 도굴당한 묘지의 장소에 유골은 다다랐다. 다시 메워질 장소는 이미 업자에 의해 파내어 정리되어 있었다. 그 위에 멍석을 깔고, 유골을 넣은 나무상자가 놓여졌다. 나무상자 위에 기모노을 덮어쓰우고, 기모노의 소맷자락 입구 한 단에 가위로 칼집을 내었다. 여러 가지 공물이 바쳐지고, 유족을 비롯한 고탄 모임의 사람들이 삽으로 흙을 덮고, 유골은 85년만에 고향 고탄의 땅 안에 다시 매장되었다.

그 후, 업자에 의해 재매장된 일부에 주의 깊고 신중하게 흙이 다시 메워지고, 거기에 아이누 민족의 독자적인 묘표 뽕나무가 세워졌다.

뽕나무가 제대로 땅에 심긴 것을 확인하고, 사람들은 말없이 뒤돌아보지도 않고 기네우스 생활관으로 되돌아갔다. 아이누 사람들의 전통적 장례식과 매장에 대해서는 많은 문헌에 기록되어 있지만, 유골이 매장된 후는 뒤돌아보지 않고 쓸데없는 이야기도 하지 않은 채, 재빨리 귀로에 오르는 것으로 되어 있다고 한다.

2016년 8월 5일 홋카이도(北海道)대학 의학부 부지 내에 있는 아이누 납골당에서 제111회 홋카이도 아이누 협의 주최 이챠루빠(イチャルパ, 아이누 민족의 전통적인 선조 공양 위령식)가 열렸다. 이 의식에서 홋카이도대학 학장 야마구치 요시조(山口佳三)씨는 "본교에서도 아이누 민족의 존엄에 대한 적절한 배려를 하지 않았다는 점을 반성, 이러한 경험을 깊게 기록에 새긴다."라는 말을 전했다. 우라카와초(浦河町) 기나우스(杵臼)에서의 유골 반환에서 홋카이도 대학이 사죄에 대해서 일절 언급하지 않겠다고 했던 자세에서, 학장의 입에서 '반성'이라는 말이 언급되었다. 사죄에 대해서 한층 전진되었다고 말할지도 모른다.

다음날 8월 6일, 홋카이도 아이누 협회 주최, 일본 인류학회·일본 고고학학회 공동주최 심포지엄이 개최되었다. 학회의 연구자나 문부 과학성의 담당자, 홋카이도대학 연구자 등의 발언이 계속되는 가운데 시즈나이(静内)의 아이누 수장 가도노(葛野)씨는 "아이누의 일은 아이누 스스로가 결정한다. 일본인의 말에 따를 필요는 없다."라고 말했다고 한다.

2017년 1월 고카와 류키치(小川隆吉)씨의 유골 반환 소송을 통해 새로 홋카이도대학이 보관하고 있는 유골 반환을 요구하기 위해 비라토리(平取)의 아이누 협회가 나섰다. 홋카이도대학이 밝힌 「홋카이도대학 의학부 보관 유골 내역」에 의하면 비라토리초의 4지구에서 발굴된 합계 15구가 홋카이도대학에 보관되어 있으며 이중에서도 누키베쓰(貫気別)에서 발굴된 6구의 아이누 인골이 있다는 것이 홋카이도대학 의학부 「제1 해부 이관」, 『아이누에 대한 연구 보고 목록 일람』에 기록되어있다. 그 원적은 아네사루(姉去)에서 1구, 니이캇푸군(新冠郡) 모토쿠즈무라(元葛村)에서 4구, 다른 1구는 니이캇푸군 모토칸베무라(元神辺村)이다.(표 8)

표8 제1해부 이관(이하의 두개골을 제1해부에 의해 이관 쇼와 25.2.24.)

발행지	신번호	관번호	번호	연대	성별	발굴 상태	참고
히다카 (日高)	가미누키 베쓰(上貴氣別)1	가미누키 베쓰 1	제1·33	성년	남	완—세	히다카·비라토리무라 지가미누키베쓰무라, 원적·니이캇푸군모토칸베무라. 쇼와 5년 매장, 쇼와 10월 28일 발굴
	가미누키 베쓰 2	가미누키 베쓰 2	제1·34	성년	남	완—세	히다카·비라토리무라 지가미누키베쓰무라, 원적·니이캇푸군모토쿠즈무라. 다이쇼 121 매장 쇼와 8.10.28. 발굴
	가미누키 베쓰 3	가미누키 베쓰 3	제1·35	성년	남	완—세	히다카·비라토리무라 지가미누키베쓰무라, 원적·니이캇푸군모토쿠즈무라. 다이쇼 9년 매장 쇼와 8.10.28. 발굴
	가미누키 베쓰 4	가미누키 베쓰 4	제1·36	성년	여	완—세	히다카·비라토리무라 지가미누키베쓰무라, 원적·니이캇푸군모토쿠즈무라. 다이쇼 14년 매장 쇼와 8.10.28 발굴
	가미누키 베쓰 5	가미누키 베쓰 5	제1·37	노년	남	완—세	히다카·비라토리무라, 지가미누키베쓰무라, 원적·니이캇푸군모토쿠즈무라. 쇼와 2년 매장 쇼와 8.10.28. 발굴
	가미누키 베쓰 6	가미누키 베쓰 6	제1·38	노년	녀	완—세 관 없음	히다카·비라토리무라 지가미누키베쓰무라, 원적·니이캇푸군아네사루무라. 쇼와 5년 4월 매장 쇼와 8.10.28. 발굴

제6장

사할린에서의 아이누와 조선인

전근대기부터 일본 통치기의 사할린(樺太)

사할린(가라후토)에 대한 일본의 관여는 1651년(게이안 4년) 이후의 마쓰마에(松前)씨의 탐색에서 시작된다. 동년 마쓰마에씨의 가신(家臣)인 가키자키 쓰토우에몬(蠣崎傳右衛門)의 시찰이 행해져 메이와(明和) 연간덴메이 5년에도 연안어업의 성황을 시찰하였다.

1790년(간세이 2년)에는 "본토인의 어업에 종사하는 자가 적지 않은 가운데, 오우(奧羽)지방에서 넘어와 조업하는 자가 점점 늘어나고 있"는 상황이다. 산단진(山丹人)이나 아이누, 니부후, 우리치, 에벤키, 야쿠트 등의 선주민이 거주하고 있던 섬은 에도 시대 때 이미 일본인이 청어 잡이를 할 수 있게 되어 있었다.

1799년(칸세이 11년)에는 러시아의 남하정책에 대한 보안을 강화하기 위해 에도막부는 히가시에조(東蝦夷) 지역을 마쓰마에번(松前藩)에서 막부의 직할지로 변경하고 1807년(분카 4년)에는 마쓰마에 봉행관리로서, 더우기 남부번(南部藩), 쓰가루번(津輕藩)에도 에조 지역의 경비에 임하게 하였다. 사할린의 수호에는 병사 200명을 이끈 마쓰다 덴쥬로(松田傳十郎)를 보내서 시라누시(白主)에 주둔하게 된다. 사할린은 당시에 기타에조라고 불리며, 마쓰마에번에 의해 기타에조 집회소가 설치되어 있었다. 또한 시라누시, 구슌고탄(久春古丹), 구슌나이(久春内)에 관세청, 교대 근무소, 포대를 설치하고 시라누시에는 산단 교역소도 있었다.

한편 러시아는 자원 개발을 위해 시베리아에 죄수를 강제 이주시키는 정책을 펼쳤다. 1744년에는 사형을 폐지하고 내란이나 폴란드

독립운동에 가담한 죄수들을 대량으로 시베리아로 보냈다. 러시아 정교회의 분열이 일어났을 때 종교 관계의 법률 위반자도 증가하여 그런 죄수 외에 정치범이나 형사범, 절도범, 흡연자 등이 시베리아로 보내졌다. 그중엔 가벼운 범죄자도 포함되었다. 유대교, 이슬람교 등의 죄수도 유형(流形)되었다.

1850년이 되자 러시아는 북 사할린 유형지로 죄수를 보내고 1869년에 사할린을 정식적인 유형지로 결정했다.

1875년(메이지 8년)에 러시아와 일본 간에 채결된 사할린 쿠릴 교환조약 이후 러시아는 사할린이 영토가 되자 코르사코프 항을 개항하여 오데사(Odessa)항에서 600명의 유형 죄수를 송치한다. 1880년부터 1900년도에 이르는 20년간, 사할린에 보내진 죄수의 수는 3만 4,470명에 달하며 부락 수는 20여 개에 이른다.

그리고 1904년(메이지 37년) 러일전쟁 이후, 사할린의 북위 50도 이남이 일본령으로 되었다. 제1장에서 언급한 러시아 연해주로 이주한 조선인뿐만 아니라, 사할린에는 1870년대부터 조선인의 이주가 있었지만, 러일전쟁 후에는 일본에서 사할린으로 이주하는 조선인이 나타나게 된다. 이 현상은 1920년대에 많이 출현된다. 그리고 1939년(쇼와 14년)부터 강제 노무 동원으로 사할린에 징용된 조선인이 급증한다. 또한 사할린에서 규슈(九州)의 탄광 등으로 이중 징용도 이루어진다. (이러한 강제징용과 그에 따른 후속 잔류 조선인의 문제에 대해서는 이미 많은 연구가 이루어졌다.)

일제강점기의 1926년(다이쇼 15년) 사할린의 선주민은 북위 50도 부

근의 시스카(敷香 -현 포로나이스크)의 북쪽, 포로나이강의 나카스 사치섬(中州サチ島)으로 강제 이주를 당했다.

이것은 '오타스노모리(オタスの杜)'로 불리며, 「오타스 원주민 교육소」가 1930년(쇼와 5년)에 설치되었다. 이 '오타스노모리'는 원주민들을 볼거리로 만든 관광지였다.

또한 시스카에는 육군 특무기관이 있어서 선주민 중에 신체 능력이 뛰어난 자에게는 소집영장을 발부해, 첩보활동에 종사하는 군인으로 육성했다. 또한 이곳에서는 현병대로의 징용이나 여자 위안부로서의 동원도 이루어졌다.

전후 사할린의 조선인과 아이누

전후 사할린(가라후토)에서는 이른바 일본인의 '강제 이주'와는 별도로 가라후토 아이누(사할린 아이누)에 대한 강제 이주가 행해졌다. 사할린 쿠릴 교환조약으로 인해 사할린의 아이누 민족이 강제적으로 홋카이도에 이주되었던 사실에 대해서는 많은 문헌·자료가 있다. 그 후 러일전쟁으로 인해 일본이 사할린의 북위 50도 이남을 점령했을 때 대부분의 사할린 아이누 사람들은 사할린으로 돌아갔다고 전해진다. 하지만 그때 돌아가지 못한 채 그대로 홋카이도에 정착한 사할린 아이누 사람들이 있던 것도 증언에서 밝혀졌다.

사할린 쿠릴 교환조약에서 러일전쟁까지, 한 번도 홋카이도에 이주하지 않았던 사할린 아이누 사람들도 전후 사할린이 소련의 통치로 들어갔기에 홋카이도로 '강제 이주'를 강요당했다. 그러한 사람들은 비라토리초, 무카와초 호베쓰(穂別), 이즈미(和泉), 그 외의 지구에 정주하게 되었다. 그곳에서도 조선인과의 유대가 적지 않았다.

　다음으로 소개할 사할린 아이누로서의 아이덴티티를 강력하게 의식하게 하는 타자와 마모루(田澤守)씨, 나라노키 기미코(楢木貴美子)씨의 증언에서는 전후 사할린 아이누의 강제적 이주 실태와 아이누 민족의 중층성 등이 보인다. 타자와씨의 증언은 이하와 같다.

> 홋카이도 아이누 동료 중에서도 모두 알고 있겠지만, 그 정도 여기 2,3년 엔츄(エンチュ)로서의 다름을 주장해 온 것은 없었다고 생각합니다. 왜냐하면 유엔에서 채택된 선주민 선언을 달성하기 위해서도 지금은 홋카이도 아이누의 권리를 회복하고 나서 그 다음 단계로 엔츄는 괜찮지 않을까라고 지도자들이나 정치가들로부터도 들었을 때, 정말 이것은 다르다고 생각했습니다. 이것이 해결되고 나서라면, 그러면 언제 할 수 있습니까?라는 이야기지 않겠습니까. 그러지 말고 서로 협력하여 권리를 회복해 나가지 않으면 안 된다고 생각하여 강하게 주장했습니다. 아이누로서의 자각과 엔츄로서의 자각은 줄곧 함께였습니다. 철이 들었을 때부터요.
>
> (중략)
>
> 사할린 쿠릴 교환조약으로 강제 이주를 당한 사할린 아이누와 다르게 잔류한 사할린 아이누였기에 전후 강제적으로 홋카이도로 이주를 당한 것입니다.

(중략)

사할린 아이누는 강제 이주의 역사입니다. 저의 이동 경로는 츠이시카리(対雁)만이 아니라 사할린의 섬 중에서도 일본과 러시아 정부의 상황에 따라 정해졌습니다. 나의 조상으로 말하면, 타란도마리. 일본 정부는 거기에 몇 십 세대나 모이게 했습니다. 그곳에는 츠이시카리(対雁)로 끌려온 사할린 아이누가 돌아온 것이랑 홋카이도에서 온 홋카이도 아이누도 그곳에 모였습니다.

단지 한 가지, 홋카이도 아이누와 사할린 아이누의 큰 차이점은 홋카이도 아이누는 '토인(土人)으로 구토인(舊土人)'이 아닙니다. 정책적으로도 큰 차이가 있습니다. 그러므로 같이 취급되는 것은 절대로 인정할 수 없습니다. 일본인이 되어도 '구토인'은 아니었습니다. 원래 일본인이 되지 않아도 좋습니다. 그 전까지는 자유롭게 살아왔지만 백 몇십 년부터 그들은 '노예'입니다. 장소 청부제도라든가. 사할린에서도 그러 했습니다.

(중략)

사할린에서의 조선인과의 관계는 서로 사귀었던 자들이 자연스럽게 한 가정을 이루었습니다. 저의 큰아버님의 부인은 조선계 사람이었습니다. 확실하게 조선인이라고는 할 수 없지만. 그 숙모님은 어디 출신인지는 모릅니다. 애당초 저의 조모가 삼형제인데 그 중 여자 2명이 남자 1명의 부인이 되었습니다. 할머니 남동생의 부인이 된 것입니다. 가족을 유지하려는 것인지, 재미있습니다. 할머니가 돌아가시고 저의 할머니의 장남이 남동생의 신부에게 뒤를 잇

게 했습니다. 2명의 자식이 있었지만 그 후에도 몇 명 아이가 태어
났습니다. 그러니까 홋카이도에 이주했을 무렵, 오타루(小樽)에
갔습니다. 얼굴 형태도 조선계로 엔츄와 조선의 피가 섞여 있습니
다. 타란도마리에서 함께 했습니다. 그러한 예는 정말 많이 있습니
다. 역으로 그것이 자연스럽다고 생각합니다. 살아가기 위해서 필
요한 것으로 그렇게 하지 않으면 가족을 지킬 수 없으니까요.

  또한 같은 사할린 아이누의 나라노키 기미코(楢木貴美子)씨는 이
하와 같이 말했다.

부모들이 먼저 사할린에서 아오모리(青森)로 왔습니다. 저는 아
오모리에서 쇼와 23년에 태어났습니다. 양친은 사할린의 모오카
군(真岡郡) 히로치무라지(広地村字) 타란도마리(タランドマリ)
에서 왔습니다. 도마리라는 것은 바다가 뭍으로 파고 휘어들어간
곳을 의미합니다. 그래서 타란도마리라는 것은 아이누어로 연어
가 많이 올라오는 곳이라는 의미인 듯 합니다.
거기서 부모는 모두 태어나 자라고, 전후 아오모리로 왔습니다.
저는 9명 형제 중의 막내로, 7번째까지는 타란도마리에서 태어
났습니다. 우리 선조는 '아니바만'(アニワ湾, Aniva:Анива) 근
처가 아니었기 때문에 1875년의 강제 이주를 당한 부락에 포함되
지 않았습니다.
그리고 전후 아오모리에 이주했지만 제가 태어나고 나서 부친이

돌아가셨습니다. 그래서 모친의 여동생이 와카사카나이(稚咲內)로 가면 지인들이 많고 사할린 아이누 사람들이 귀환해서 그곳에서 마을을 만드니까 그곳으로 가면 집도 주고 땅도 준다고. 게다가 지인들이 많이 있으니 그곳으로 가자고. 부친이 살아 건재했더라면 그런 생각을 하지도 않았을 것입니다.

모친과 8명의 아이들이 그곳으로 이동했습니다. 둘째 누나는 사할린에서 2살쯤에 죽었습니다. 장이 나빴던 것 같습니다. 옛날 의사였기에 구하지 못했습니다. 현재의 의료라면 구할 수 있었겠지만, 결과적으로 와카사카나이로 갔습니다.

「약속의 마을, 와카사카나이」라고 해서 사할린 아이누가 전후 모두 함께 마을을 만들자고 약속 했습니다. 그것이 실현된 것입니다. 20년 정도 전쯤 NHK의 다큐멘터리로 방영되었습니다. 반농업 반어업으로 생활을 했습니다. 정말로 예전에는 먹을 것도 없던 시대였기에 저희들도 형이 4명 있었지만 모두 죽고, 지금 한 명이 도마코마이(苫小牧)에 있습니다.

그 형이 17살 때 와카사카나이로 온 것입니다. 그때 저는 3살 정도로 어렸기에 형과 누나가 일을 했습니다. 형은 산에 가서 나무를 해 오고 참억새를 꺾어 와서 초가지붕에 기둥을 세워 오두막을 모래사장에 짓고 살기 시작했습니다. 정말 모래사장이었기에 바람이 강한 날은 아침에 일어나면 이불도 절반 모래 속에 푹 묻혔습니다. 형도 누나도 그렇게 말했습니다. 그 당시에는 개척 부락이였으니까요.

일본인은 거의 없었습니다. 하긴 일본인은 이런 곳에 오기 싫었을 것입니다. 모래사장뿐. 단지 날씨가 좋은 날은 리시리(利尻)가 보이는 경치는 석양도 예뻐서 지금은 관광 명소가 되었지만, 살아가기에는 그것만으로는 정말 살아갈 수 없었습니다.

사할린 쿠릴 교환조약으로 강제 이주를 당하지 않은 사할린 아이누 사람들이 전후 홋카이도의 아이누 민족으로 간주되어 한 번도 생활의 거점을 갖지 못한 채 홋카이도로 강제 이주를 당했다는 증언이 있고, 근대기부터 전후에 거쳐서도 역사 속에서 농락당한 존재로서 두드러진다. 또한 선주권을 둘러싸고도 '구토인'이 아닌 사할린 아이누는 홋카이도 아이누와의 다른 복잡한 정황에 대해서도 말하고 있다. 억압된 마이너리티의 사회를 더욱 분단시키는 듯한 중층적인 정책이나 의식이 여기에서는 보인다. 고향 사할린의 타란도마리에서 일본으로 강제 이주를 당한 사할린 아이누 사람들이 환영의 고향을 와카사카나이라는 땅에서 실현시키면서 더욱 과혹한 생활이 이어진 것도 이러한 증언에서도 알 수 있다. 그리고 적지 않은 조선인과 사할린 아이누가 결혼 등의 혈연관계를 맺었다는 것도 밝혀졌다.

한편으로는, 일본인과 가정을 이룬 조선인이나 그 자식이 일본으로 돌아가는 일을 제한당하고 일본인 아내만이 일본으로 귀환, 조선인 남편은 사할린에 남아 흩어지는 비극도 많이 있었다. 다른 한편으로는, 조선인 남편과 함께 사할린에 잔류한 일본인 아내가, 남편을 일찍이 여의었기 때문에 일본인으로 살면서 조선족으로서 사할린에 정착하고 있는 가족도 적지 않았다. 일제(日帝)의 통치와 그 붕괴는 많은 사람들 간에 비참한 이산(離散)과 모순된 억압을 야기해 왔다.

1937년(쇼와 12년) 8월 21일, 스탈린 정권하에 소련 인민위원회와 당 중앙 위원회는 극동 지방의 전 영역에서 조선인을 남 카자흐스탄 주, 아랄 해와 발하슈호 연안 지역, 우즈베키스탄 공화국으로 강제 이주 시키기로 결정했다. 강제 이주 당한 조선인의 총수는 17만 1,781명(3만 6,422세대)으로, 그 중 우즈베키스탄으로의 이주자는 9만 526명(2만 170세대)이었다.

당시 소련에서는 일본의 식민지 지배를 받고 있던 조선인을 친일 적(親日的)이라 생각해, 위험 분자로 간주하였던 것이다.

그 중앙아시아로 강제 이주 당한 조선인들은 이주지의 지나치게 가혹한 상황을 견뎌내었다. 전후의 1946년 8월 2일, 소련 내무성 제16호 지령에 따라 극동에서 강제 이주 당한 조선인 전원에게 이주 등록 제한이 없는 국내 여권이 발행되었다. 1947년 3월 3일, 소련 내무성은 조선인의 자유로운 이동과 극동에서의 이주를 금지했다. 불과 반년 남짓한 사이에 다시 조선인에 대한 이동 제한이 행해져서 후술하는 대로 전후 사할린 잔류 조선인과 중앙아시아로부터 귀환한 조선인 사이에 다양한 유대가 형성되었다.

이러한 상황은 1950년대 중반까지 계속되었으나, 그 후 소련에서의 조선인 시민권 제한이 철폐되어 극동으로 되돌아갈 수 있게 되었다. 사할린에서의 조선인은 일본 식민지 시대와 그 후 소비에트 정권하에서 중층적으로 여러 가지 문제를 떠안는 존재가 되어 간다.

사할린에 있어 아이누 민족과 선주민족, 조선인, 일본인의 중층성

조선인 부친과 아이누인 모친을 둔 사할린에서 태어난 야마시타 아키코(山下秋子)씨는 전후, 조선민주주의 인민 공화국(북한)으로부터 이주해 온 남성과 결혼, 현재 코르사코프에 살고 있다. 이 야마시타씨로부터 사할린의 조선인과 아이누와의 관계를 알 수 있는 귀중한 이야기를 들을 수 있었다. 사할린에서도 아이누인들이 조선인을 숨겨두고 있었다는 사실을 알 수 있다.

저의 아버지는 한국에서 왔습니다. 한국 대구에서 태어났다고 말했습니다. 하지만 저는 지도가 없어서 대구가 어디인지 몰랐습니다. 저의 조부모는 대구가 북한이라고 말씀하셨지만 여기로 오고 나서 10년 정도가 되어 가는데 5년이 되었을 때야 처음 지도를 보았습니다. 그때 보니까 대구가 남쪽이었어요. 아버지는 강제 연행에서 도망쳐 북쪽에서부터 걸어 유즈노 사할린스크까지 왔습니다. 당시는 도요하라(豊原). 도요하라에서 뭔가 먹고 있는 모습을 발견하고, 다가갔습니다. 그때 아버지는 조선인이니까 깨끗한 아저씨였어요. 그때 "당신들에게 좋은 일자리가 있다."라는 말을 듣고, "어디든 가겠다."고 말하자, 돈을 많이 줘서, 여자와 놀게 했습니다. 그러나 일할 곳으로 갔더니 열악한 합숙소였습니다. 철도 터널을 만드는 곳. 도요하라로 가는 터널 공사장에서 억지로 일을 시켰다고 했습니다.

식사도 만족할 정도로 주지 않고 머위 맑은 장국을 줄 정도였으므로 더 이상은 안 되겠다고 생각해서 동료 세 명과 도망쳤던 것 같습니다. 세 명이 도망치다 차가 절벽에서 떨어지고 뒤에서 총을 맞아 1명이 죽었습니다. 두 명이 도망쳐서 혼토(本斗)* 쪽으로 산에서 산을 타고 도망쳤다고 합니다. 거기 감독이 일본 사람이지만 마음씨 좋은 사람이라 숨겨 주었다고 합니다. 붙잡혀서 재판에 넘겨졌다면, 그걸로 끝이었을 겁니다. 그렇게 해서 1년 정도 있었을 쯤에 타란도마리의 딸이 있는 집으로 들어가서 사위가 되어 제 어머니와 함께 살았습니다.

저희 어머니는 18세이고, 아버지는 21세 정도 연상입니다. 그러나 대단히 젊어보여, 8살 정도 연상이라 생각했다고 합니다. 그래서 제가 타란도마리에서 태어나게 되었습니다. 태어나고 나서 저를 업고 기타가라후토(北樺太) 쪽으로 갔습니다. 저희 아버지가 나무꾼 일을 하고 있었으니까요.

아이누라고 하는 사람은 마음씨가 좋은 사람입니다. 조선인을 모두 숨겨 주고 7명이나 도와주고. 경찰 따위가 와도 아무 말을 안 했습니다. 조선 사람들 중에는 나쁜 사람도 있고, 러시아 사람들도 좋은 사람은 좋고 나쁜 사람은 나쁩니다. 그러니까 지금 내가 생각하는 것은 아이누라는 사람은 마음씨 고운 사람들이니까 경찰도 필요 없고, 아무것도 필요 없습니다.

전후에는 북한에서 온 사람이 많았습니다. 제 주변 사람은 그러한 북한에서 온 사람과 함께 살았던 사람이 많았습니다. 한국 사람은 모두 나이를 먹은 사람이고, 북한에서 온 사람은 젊었습니다. 제

---

* 사할린 섬에 존재했던 마을. 현재는 네벨스크(Невельск) 시.

가 18살이었을 때, 1948년 쯤에, 저희 아버지는 북에서 온 나이 든 사람과 나를 함께 하도록 했습니다. 저보다 14살 연상이었습니다. 제가 정리하러 방으로 들어가니, "당신 딸이야"라고 물었습니다. 어휴, 부끄러웠습니다. 아버지는 몸이 안 좋으시고, 이 사람과 함께하지 않으면 안 된다는 그런 느낌이었습니다. 어쩔 수 없이 부인이 되었습니다.

사할린에서 태어난 사람은 그리 많지 않습니다. 홋카이도에서 온 사람이 많았습니다. 저희 집 어머니도 홋카이도에서 태어나셨고, 고향은 홋카이도 바닷가라고 해요. 그렇지만 여기에도 바닷가가 있고, 얼마든지 있는 걸요. 제가 (생후) 3개월이었을 때 저를 안고 여기로 왔다고 했어요. 할아버지는 나이 드신 분으로 몇 살인 지는 몰랐지만 대단히 머리가 좋으신 분이셨어요. 함께 살면서 과연 뭐라 하면 좋을까, 막노동자의 대장 같았어요. 장작을 패고 널빤지를 만드는 공장에서 일하셨던 것 같습니다.

(중략)

야마시타(山下)는 외할아버지의 성(姓)입니다. 저희 아버지는 나리타(成田)로 되어있습니다. 결혼 신고가 안 되었다는군요. 조선 사람과 일본인은 결혼 신고가 안 된다고 합니다. 그래서 저는 어머니의 성을 따라 야마시타로 되어있습니다. 저희 남편은 한국으로 돌아갔습니다. 이제 90세가 넘지 않았을까요.

그 후, 북한으로부터 온 사람과 함께했습니다. 홀름스크**에는 북

** 러시아 극동 지방 사할린 섬 남부에 있는 항구도시. 유즈노사할린스크에서 북쪽으로 약 90㎞ 떨어져 있다.

한 사람이 많았으니까요. 북한에서 80세를 넘겨 산 사람은 없습니다. 먹을 것도 없다고 말하거나 아이들도 잇따라 죽어버렸다고 해요. 제 아이들도 있었지만 죽었어요.

지금도 일 때문에 북한에서 온 사람은 있습니다. 저기 산 쪽에 있다고 했습니다. 내가 있는 곳에도 몇 번이나 놀러 왔지만 이제 상관없습니다.

저는 쇠막대기를 거푸집에 채워 넣고 둥근 공으로 만들어서 그것을 철사로 잇는 일을 했습니다. 그래서 손에 물집이 생겼어요. 지금도 있어요. 18년 동안 일하고, 그 일은 여자들이 해선 안 된다는 이야기가 있어, 혼토(本斗)에 가서 그물을 만들거나 납을 들고 걷거나, 그것이 오히려 다행이었어요.

38년 동안 일을 했어요. 타란도마리에서 일을 한 것은 3~4년 동안입니다. 그리고 도요하라(豊原)로부터 편지가 왔어요. 일을 잘했기에 연금이 좀 올랐습니다. 국적은 러시아입니다. 소련 시대는 소련 국적이었습니다.

집에서는 일본식 식사였어요. 아이누식 식사는 한 적이 없어요. 아버지는 김치를 먹고 싶어 하셨기에 언제나 아버지와 어머니 댁에서 김치를 만들었어요.

두 말 분량의 통으로 5~6개 정도 담갔어요. 저희 아버지는 마늘을 잔뜩 넣고 만드셨어요. 모두가 좀 달라고 하기에 어머니는 모두에게 나누어 주었어요. 아버지는 항상 왜 그렇게 적어 졌느냐고 말씀했어요. 어머니는 모두가 달라니까 주었다고 했어요. 어머니는 정말로 마음이 상냥한 분이였으니까요.

아이누인은 러시아인과 함께 하기보다, 같은 검은 머리의 조선 사람과 함께 살고 있는 사람이 많았다고 저는 생각합니다.

(2015년 8월 23일, 러시아 공화국 사할린 주 홀름스크시
야마시타씨 댁에서 청취)

전후 사할린 거주 한국인의 기억과 현재

일본의 패전으로 전후, 사할린에서 일본인의 집단 귀환이 행해졌다. 소련의 남사할린 민생국에서 일본인의 본국으로의 송환 방침이 발표되어 1946년(쇼와 21년) 11월 27일에 승전국인 소련·미국의 「소련지구 귀국 미·소 잠정협정」이 체결되고, 같은 해 12월 5일부터 1949년 7월에 걸쳐서 일본인의 집단 귀국이 실시되었다.

사할린에서의 패전 당시의 혼란과 일본으로 귀환하는 일의 어려움은 침공해 온 소련군의 잔혹함과 함께 일본인의 기억에 새겨져 계승되어 오고 있다.

그러나 사할린에 강제 연행된 조선인과 그 이전에 이주해 정착한 조선인은 조국으로 돌아가지 못했다. 일본인의 귀국 사업에서 조선인은 제외되었다. 배우자가 조선인인 일본인은 사할린에 가족을 남기고 어쩔 수 없이 일본으로 귀환했다고 하는 예도 적지 않다.

또한, 패전 직후 가미시스카(上敷香 -현 레오니도보)와 미즈호무라(瑞穂 -현 포잘스코에)에서의 일본인에 의한 조선인 학살사건도 일어나고 있었다. 가미시스카에서는 8월 17일 경찰서에 모인 조선인 16

명이 일본 관헌에 의해 학살당했다.

그 「가미시스카 사건(上敷香事件)」으로 아버지와 오빠가 학살당한 김귀순씨는 한국 부산에 거주 중이며 현재도 건재하다. 그녀는 1992년 8월 17일에 학살이 있었던 구 경찰서 부지에 사비를 들여 위령비를 건립했다.

사할린에서 일어난 또 한 번의 학살사건 「미즈호무라 사건(瑞穗事件)」에 대해서는 지금까지의 여러 문건에서 자세하게 보고되고 있다. 1945년 8월 20일~22일에 걸쳐 3명의 여성과 6~12,13세 정도의 아이들 6명을 포함한 조선인 27명이 학살당한 사건이다. 이 사건은 1947년 2월 26일에 행해진 '블라디보스토크'의 군사재판에 의해 일본인인 피고 7명이 총살형에 처해지고, 그 이외의 피고는 시베리아로 보내졌다. 포잘스코에의 학살 현장에는 현재, 대한민국 사단법인 해외 희생자 동포 추도사업회에 의해 1996년 8월 3일에 건립된 위령비가 있다.

필자가 2007년 9월에 방문했을 때는 약간 높은 언덕의 풀숲 속에 있었지만, 2015년 8월에 다시 방문했을 때는 위령비 주변이 정비되어 있었다. 로타리(Rotary) 클럽에 의해 조성된 것이라는 표시가 있었다.

현재, 한국 안산시에 있는 고향 마을에 영주(永住) 귀국한 김윤택씨(1923년 구시로시釧路市 출생)의 증언은 해방 직후 사할린에서 조선인 학살에 일본의 관헌이 깊게 관여한 과정을 알 수 있는 중요한 자료라 할 수 있다. 김씨는 당시 초등학생이었지만 그의 기억은 선명하다.

사할린에서는 나요시(현 레소고르스크)라는 곳에 살았으며, 아이
누인도 많이 있었다. 하지만 전후에 어디로 갔는지 모를 정도로
사라져 버렸다.

이걸, 말해도 좋을지 어떨지 모르겠지만, 정말로 있었던 일이다.
만약에, 소련 병사가 2,3일 늦었더라면, 우리는 모두 죽었을지도
모른다. 내가 6학년이 되었을 때, 그때는 조선인과 일본인이 함께
살고 있었다. 그런데 그때 특별히 조선인만, '오오쿠마겐야(大態
原野)' 라는 농촌에 모이라고 했다. 지금도 확실히 기억하고 있다.
"오오쿠마겐야의 창고에 모여" 라고 했다. 우리 아버지는 일찍이
일본에 와 있었기 때문에, 일본어가 능숙했다. 그 말을 듣고, 조선
인들은 짐을 리어카에 싣거나 해서 2일 정도 걸려서, 산 위에 있는
오오쿠마겐야의 창고로 갔었다. 그곳에 큰 창고가 있었다. 그것은
일본 사람들이 사용하고 있던 창고 같았다. 그곳에 들어가서 살라
고 했다.

모두 잠을 자지 않으면 안 될 정도로 지쳐 있었었고, 우리들은 어
린이라서 부모님의 말대로 그곳에 들어갔다. 그런데, 밤 8시 정도,
조금 어두워졌을 즈음에, 일본 병사가 말을 타고 총을 들고 와서
는 명령처럼 "여기서 여기까지는 가지 않도록 해서 살아" 라고 말
했다. 그 말을 나의 눈으로 보고 귀로 분명히 들었다. 그래서 그렇
겠다고 하고 아무도 수상하다고는 생각하지 못했다. 그곳에는 조
선인만이 모여 있었다. 바로 옆에 보리밭이 있어, 도망칠 수 있었
지만, 그곳에 있어도 괜찮다고 해서 그렇게 하기로 했다. 일본인

은 모두 사라지고 없었다.

그 후 3일 정도 지났을까, 소방차가 왔다. 나요시주의 소방차가
왔다. 그 소방차의 위에 무엇이 있었냐 하면, 소련의 군대가 자동
소총을 들고 왔다. 한 명의 러시아 젊은 여성의 통역이 내려와서,
"아무 걱정하지 말고, 내일 아침부터라도 여기에서 나가 자신의
집으로 돌아가세요.' 라고 말했다. 그래서 원래의 집에 돌아왔다.
그 후, 결혼식이니 뭐니하는 식으로 여기저기 사람들이, 모였을
때, 그렇게 모인 조선인들이 살해당했다는 이야기를 들었다. 똑같
이 모였다. 나이부치라든가, 카미시쿠카라든가, 똑같이 조선인이
모여 일본인에게 살해당했다고. 같은 이야기였다. 우리들로서는,
그렇게 돌아온 것이 다행이었다. 2,3일만 늦었더라면, 모두 살해
당했을지도 모른다. 그러니까 그것이 우리의 옛 기억이다. 소련이
2,3일 더 빨리 왔기 때문이라고. 이것은 헛소문이 아니다. 나의 눈
으로 보고, 귀로 들은 사실이다.

사할린도 큰 것 같지만 작고, 작은 것 같지만 크다. 장소에 따라 다
르다. 오도마리(大泊)에는 그런 일은 없었다고 한다. 나요시는 북
쪽에서 북위 50도 조금 밑에 있으니까. 일본에서는 소련군에게 잔
혹한 일을 당했다고 자주 말을 했지만, 그것은 거짓이다.

일본과 독일과 이탈리아 3국 동맹이 있었다. 만약 독일과 일본이
이겼더라면, 우리들은 노예가 되었을 것이다. 그런 시대였다.

지금, 여기에 이렇게 한국에서 살고 있지만, 누구를 위해서 무엇
을 위해서 살고 있는지 모르겠다. 모두 2000년에 여기에 왔다. 나

는 6년 정도 늦게 여기에 왔다. 훌륭한 집도 받았지만, 사할린에 가족을 남겨두고 왔다. 아직 이산가족이다. 나는 지금 이렇게 평화로운 나라에 와서, 이런 옛날 일을 말할 수 있다. 하지만, 나의 남동생은 더 이상 그런 것을 기억하고 있지 않고, 모른다.

지금 아베 수상이 "시대가 변했다."라고 자주 말한다. 우리들 시대의 일을 지금 시대의 젊은이들은 알 수 없다. 그렇기 때문에, 무엇을 어떻게 말하면 좋을까, 어떻게 전해질까, 할 말이 없다. 하지만, 아무래도 시대의 희생자라는 것은 존재한다.

나는 당신이 기자인지 선생인지 모르고 또한, 정말로 이 증언을 남겨줄지 어떨지 모른다. 당신도 의심하고 있을지도 모른다. 하지만, 이것은 역사의 사실로 남기고 싶다고 생각한다.

(2015년 9월 7일 한국 안산시 고향 마을에서 청취)

1920년(다이쇼 9년) 4월 4일, 독립운동을 선동했다며, 러시아 극동 지방에 있는 연해주 신한촌(新漢村)에서 조선인 농민 수백 명의 학살사건이 일어났다. 그 후 스탈린에 의해 극동 지방의 조선인이 일본의 스파이가 될 가능성이 있는 위험 분자로서 강제 이주 당했다. 그래서 일본의 패전 직후, 사할린에서는 조선인이 소련과 통한 위험 분자로 간주되어, 일본의 관헌과 재향군인회, 민간인에 의해 각지에서 살해된 것이다. 이 사실은 식민지 지배 아래 나라를 잃고, 국경에서 살게 된 조선인의 비극적인 상황을 상징하는 것이다.

2015년 현재, 사할린에 거주하는 조선인은 러시아인과 재류 일본인, 또는 북조선의 사람과 혼인 관계에 있는 사람 등 가족의 모양도 다양하다. 북위 50도 부근의 조선인은 니브흐인과 윌타족 등의 선주민과의 유대감이 깊다.

전후, 우즈베키스탄에서 사할린으로 돌아온 조선인 남성은 '타시켄트'라고 불렸다. 한때 사할린에서 조선인 여성과 일본인 여성, 또는 아이누 민족과 조선인 사이에 태어난 여성과 친밀한 관계를 가졌다. 타시켄트는 2, 3년 되면 우즈베키스탄 등의 중앙아시아로 다시 돌아갔다. 사할린에 남은 여성은 타시켄트와의 사이에 생긴 아이를 키우며, 소련 시대를 지나 현재에 이르고 있다.

전후 사할린 잔류 조선인(한인)의 아이덴티티는 다양하다. 일본의 식민지 시대에 사할린에서 어린 시절을 보낸 세대는 전후에도 자신들이 소련인이라고 생각한 적 없고, 조선이라는 아이덴티티를 강하게 가지고 있는 사람이 많다. 특히 일본 시대의 노하라(農原)중학교에서 교육을 받은 엘리트들에게 있어 모국어와 문화적 관습은 완전히 '일본'이다. 조선인이기 때문에 멸시 받은 경험을 가진 사람이 있는 한편, 일본인과 우호 관계를 구축한 사람도 적지 않다.

한국 안산시 고향촌에서 살고 있는 사할린 토마리오루 출신의 황룡문(黃竜門)씨는 이하와 같이 말한다.

부모님은 1923년에 일본 오사카(大阪)에 가서, 그 다음에 규슈(九州)에 갔습니다. 그리고 1928년에 사할린에 왔습니다. 농업과 임업을 하고 있었습니다. 그 무렵, 그곳에는 일본인이 가장 많이 살고 있었고, 조선인도 많이 있었습니다. 아이누인도 꽤 있었습니다. 라이치시 호수에 아이누촌이 있었습니다. 그곳에는 아이누인들만이 살고 있었습니다. 아이누 친구들은 없었습니다만, 군대 하사관인 야마모토(山本) 아무개라는 사람이 아이누로, 수염을 기르고 있었습니다.

조선인과 아이누인이 결혼하는 것은 드문 일이었습니다만, 가끔은 있었습니다. 일본인과 조선인과의 결혼은 많이 있었습니다. (중략) 그러나 아이누 고탄에 있던 아이누 사람들은 전쟁이 끝나기 직전쯤에, 어떻게 된 일인지, 모두 사라져 버렸습니다. 후에 들었는데, 남쪽으로 이주당해, 홋카이도(北海道)의 아이누 고탄인가 어딘가로 갔다는 것이었습니다.

일본인이 일본에 귀국한 것은 1947년 이후 였습니다만, 아이누인들의 모습은 그보다 일찍부터 보이지 않았습니다. (중략)

이것은 나의 개인적인 이야기로 다른 사람은 어떨지 모르겠지만, 만약 한국에 그때 돌아왔어도 먹을 것도 없고, 살 곳도 있었을지 없었을지 모르겠지만, 사할린에서는 검은 빵을 배부르게 먹는 것이 가능했습니다.

만약, 1948년에 귀국이 가능했다면, 1950년에 남북전쟁(조선전쟁)이 시작되어, 그때 나는 20세이었기 때문에 그 전쟁에 나갔더라면, 지금 여기서 이런 이야기 따위를 할 수 있을지 어떨지 모른다고 생각합니다. 만약에, 그때 귀국했다면, 여기서 여러분과 만나는 것도 불가능했을지도 모른다고 생각합니다. 물론, 전부가 죽은 것은 아니지만.

1952년 일본에서 최초의 성묘단으로 왔습니다. 거기서, 옛날 어린 시절의 친구들과 재회했습니다. '너, 살아있었네?' 라며 모두 놀라워했습니다. 그 사람들로부터 편지가 오고, 그 사람들 60명 정도가 돈을 모아 나를 일본에 초대해 주었습니다. 일주일에서 10일 정도, 일본에서 체류했습니다. 그리고 40년만에 모두 재회했지요. 일본에 돌아온 사람들은, 나는 더 이상 살아 있지 않을 거라 생각하고 있었다고 합니다.

성묘단의 사람들은 그때, 내버려 두고 가버린 한국인을 상당히 원망하고 있을 거라고 생각하면서, 사할린에 온 것 같습니다. 하지만, 우리들은 크게 환영하고, 파티를 열거나 하니, 그 사람들은 눈물을 흘리며 감격하기도 했습니다.

한국에 와서도 4박 5일로 일정으로 일본 오사카(大阪), 교토(京都), 나라(奈良), 고베(神戸)를 다녀 왔습니다. 학교 다닐 때, 오사카성(大阪城)이라는 것을 배웠지만 오사카에 갔을 때 보는 것은 처음이었어요. 나라(奈良)의 대불(大仏)도. 그것만, 일본의 '국사'를 배웠습니다. 외국의 역사도 모르고, 일본의 역사를 배운 것입니다. 오사카성의 천수각(天守閣)에 오르기도 하고.

일본이 전쟁에 패했다는 사실을 알았을 때, 역시, 나는 일본의 교육을 받으며 일본인과도 친하게 지냈으므로 함께 슬퍼했습니다.

1947년에 일본인이 귀국할 때는, 정말로 서운했습니다. 그리고 40년 넘도록 연락도 없었으니까요. 고르바초프 시대부터 페레스트로이카가 시작되고, '철의 장막'이라는 것이 있었습니다. 그것이 없어지고 나서, 우리끼리 편지도 주고받기 시작 했습니다.

전후 사할린에서 1960년대 정도까지 태어난 세대는 스스로 '조선인'이라는 의식이 강하다. 하지만, 현재의 '사할린 잔류 한인'은 스스로를 '러시아인'이라고 생각하고 있다.

어쩔 수 없이 잔류하게 된 조선 사람들은 조국 한국에 귀국을 희망하고, 소련의 국적 취득을 하지 않았다. 조선 민주주의 인민 공화국의 국적 취득도 장려받았지만, 그럴 경우, 한국에 귀국이 불가능하게 되는 것이기 때문에, 전후 70년 가까이를 무국적자로 지낸 사람이 대부분이다. 그런 사람들을 한국에서는 '사할린 잔류 한인'이라고 한다.

1957년(쇼와 32년), 하토야마 이치로(鳩山一郞)내각이 일본인과 혼인 관계가 있는 외국인의 입국을 결정하고, 같은 해 8월부터 1959년 9월까지 7차에 걸쳐 419가족, 약 2,000명의 집단 귀환이 이루어졌다. 그 후에도 50가족의 일본 입국이 있었다.

1987년 7월에 결성된 초당파의 「사할린 잔류 한국·조선인 문제 의원 간담회」와 후에 사업을 위탁받은 일본 적십자를 통해서, 1999년 2월 일한 양측 정부의 지원으로 한국 인천에 '사할린 잔류 한인'을 위한 복지 시설을 완성하고, 약 100명의 귀국자가 입소했다. 2000년에는 안산시에 '고향촌'이라고 하는 고층 아파트군이 건설되어, 2000년 2~3월에 47세대가 영주 귀국을 하였다. '사할린 잔류 한인'

에게는 염원의 영주 귀국이었다.

하지만, 필자가 이 조사로부터 알게 된 것은, 사할린에서 이주한 조선인들의 보다 복잡한 아이덴티티의 문제이다. 고향촌의 아파트에서 부부 2명이 조용히 살아가는 현재의 나날을 '지금이 인생에서 제일 행복하다고 생각한다.' 라고 말하는 사람이 있다. 그 한편으로는, 많은 사람들이 이구동성으로 가족이 다시 한국과 사할린으로 흩어져 살아야만 하는 것을 한탄하고 있다. 제국주의 시대의 일본과 전후 분단된 조국과의 사이에, 많은 '사할린 잔류 한인' 들은 번롱당하고, 가족과도 떨어져 살 수밖에 없는 것이다.

제7장

전후의 아이누 민족과 조선인

조선인의 조선 민주주의 인민 공화국으로의 귀환과 아이누 민족

1960년대, 재일(在日) 조선인의 조선 민주주의 인민 공화국으로의 귀환 사업이 융성(隆盛)했다. 경제적 격차나 차별 속에서, 당시 '이상 사회(理想の社會)'라고 생각했던 조국으로 귀환하는 조선인이 많았다. 이 귀환 사업은 1959년(쇼와 34년)부터 1968년(쇼와 43년)까지 전국의 일본 적십자사 지부를 접수처로 하여 이행되었다. 일본 적십자 홋카이도 지부 편『홋카이도 적십자 그 백년』에 따르면, 일본 적십자사부터 조선 적십자사로의 최초의 귀환 작업 요청은 1959년 1월로, 재조선(在朝鮮)의 일본인 귀국이 요청되어, 재일 조선인의 귀환 원조가 더해진 것이다.

일본인의 귀국에 대해서는 1956년 2월에 공동 공식 발표가 조인(調印)되어, 같은 해 4월 23일, 해상 보안대학 연습선(練習船) 〈코지마〉가 귀국자 36명을 태우고 마이즈루항(舞鶴港)에 입항해 종료해 있었다. 재일 조선인 귀국에 관한 협정(カルカッタ 협정)'이 성립된 것은 1958년 8월이다.

재조선(在朝鮮)의 일본인 귀국 후, 일본인이 타고 돌아온 〈코지마〉의 재일 조선인 승선을 요구하며, 일본 적십자사 앞에서의 농성과 규슈 오무라 수용소(九州大村收容所)에서 귀국을 기다리고 있던 조선인들의 단식투쟁 등이 일어났다. 그리고 1958년 9월 16일 조선 민주

---

* カルカッタ 협정 : 재일 교포의 북한으로의 귀환에 관해서 일본과 북한 간에 체결된 협정. 1959년(쇼와 34) 8월 13일 북일 양국 정부의 승인을 얻은 일본 적십자사와 북한 적십자회 대표가 인도의 캘커타(현 콜카타)에서 체결하였기 때문에 캘커타 협정이라고도 불린다.

주의 인민 공화국 측은 일본에서의 귀국자를 인수할 용의가 있어, 그 수송을 맡겠다는 외무장관의 성명을 발표했다.

　일본 정부도 1959년 2월 13일의 각의(閣議)에서 공화국으로의 귀환을 인정, 같은 해 4월부터 일본 적십자사 대표와 조선 적십자사 대표가 쥬네브(ジューネーブ)에서 회담을 진행하여, 8월 13일, 인도 캘커타(カルカッタ)에서 재일 조선인의 귀환에 대한 협정을 조인하였다.

표8 북해도 재주 조선인 조선 민주주의 인민 공화국 귀국 상황

년	횟수	세대수	인원	동승시발지(횟수) 종착지는 전부 니이가타
1959	5	73	275	삿포로, 아사히카와(3), 기타미
1960	11	273	1006	다테(2), 구시로(2), 기타미(2), 아사히카와(4)
1961	10	152	506	다테, 구리야마(3) 기타미, 우라카와, 구시로(2), 삿포로
1962	7	24	66	삿포로(2), 아사히카와(2), 구시로, 다테,기타미
1963	7	21	43	우라카와, 다테(2) 아사히카와(3), 삿포로

1964	4	19	39	삿포로, 기타미, 구시로, 다테
1965	10	34	57	아사히카와, 삿포로(3), 다테(2), 하코다테, 구리야마, 우라카와, 기타미
1966	9	21	37	삿포로(9)
1967	7	30	44	삿포로(7)
계	70	647	2073	

표8에 홋카이도에 재일 조선인 귀환 작업의 내역을 정리했다. 1959년부터 1967년까지 70회의 이동, 647세대 2,073명이 홋카이도 지역에서 조선 민주주의 인민 공화국으로 귀환했다는 것을 알 수 있다. 한편, 당시 사할린에서 일본으로의 귀국은 일본의 패전과 동시에 일본 국적을 상실한 조선인은 일본(홋카이도)로 돌아가는 것이 불가능해졌다.

일본인과 함께 사는 조선인 배우자와 그 자녀라도 일본으로 돌아가는 것이 제한되었고, 일본인 부인만이 일본으로 귀국하고 조선인인 남편은 사할린에 남는 비극도 많이 있었다. 한편, 조선인 남편과 함께 사할린에 남은 일본인 부인이, 남편의 죽음으로 일본인이지만 조선족으로 사할린에 정착한 예도 적지 않다.

제국 일본의 통치와 그 붕괴가 많은 사람들에게 비참한 상황을 가져왔다. 일본으로 이주하거나, 징용되어 온 조선인은 압도적으로 조선 반도의 남쪽 지역, 현재의 한국에서 온 사람이 많았다. 원래 북쪽에서의 일본 이주는 적었고, 1960년대에 북 조선 민주주의 인민 공화국으로 귀환한 사람들은, 그쪽이 고향이 아닌 남쪽 출신의 조선 사람들이었다.

필자는 전쟁 전, 전쟁 중에 홋카이도에 이주한 조선인들이 어떤 식으로 귀환 사업에 관련되어 있는지를 조사했다.

일본 적십자사의 백년사에서는 8만 수천 명이 공화국으로 귀환하고, 홋카이도에서도 2,000명이 넘는 사람들이 공화국으로 이주했다고 한다. 그러나 작업을 진행한 재일 조선인 총연합회 본부는 그러한 자료는 없다고 했다.

또한, 일본 적십자사는 명부 등의 자료를 보관하고 있지만, 필자에게 개인정보 보호법에 따라 공개는 어렵다고 회답했다.

필자의 청취 조사에서는 비라토리(平取)와 호베쓰(穂別)에서 귀환한 사람이 있다고 하는 증언을 들었다. 그러나 일본 적십자사의 통계에는 '비라토리', '호베쓰'라고 쓰여 있는 시발지(始発地)는 보이지 않는다. 이것은 귀환자들이 철도를 타고 갔다라고 하는 증언에서 삿포로가 그 시발지로 되어있었기 때문이라고 생각된다.

'비라토리', '호베쓰'에서 공화국으로 귀환한 조선인 중에는 아이누 여성과 동거하던 사람도 있다. 니부타니(二風谷)에 거주하는 아이누 여성은 조선인과 아이누 세대(조선인의 남편과 아이누 부인, 자녀 2)와 친척관계에 있었지만, 이 가족이 호베쓰에서 공화국으로 귀환한 것을 증언했다. 또, 입에 문신을 한 아이누 여성이 조선인의 남편과 함께 공화국으로 갔다고 하는 이야기도 있다. 즉, 이 시대의 공화국으로의 귀환자에는 조선인이나 일본인 부인만이 아니라, 아이누 여성인 아내 들도 적지 않게 있었다는 것이다.

재일 조선인의 귀국 사업은 1960년대에 전국적인 규모로 일어났다. 전쟁 후의 원호법(援護法)이나 사회보장제도에서 모두 제외된 재일 조선인이 유일하게 지급 대상이 되어 있던 생활 보호를 단절시키고, 일본의 식민지 지배의 역사적 책임을 지지도 않고, 경제적 부담을 경감시킬 목적으로 조선 민주주의 인민 공화국으로 귀환시키는 것이 장려되었다.

이 경위에 대해서 알게 된 것은 앞에서 밝혔던 『홋카이도 적십자 그 백년』에서 이지만, 실제로 누가 공화국으로 귀국한 것인지를 알 수 있는 명부 등의 일차 자료를 보는 것은 곤란했다.

단지, 비라토리초(平取町)에만 조선인의 귀국에 관한 자료가 남아 있다. 비라토리초 사루바(平取町去場)의 장일용(張一竜)씨 일가 7명이 공화국으로 떠날 때 비라토리초 사무소 앞에 식목(植樹)을 했다고 하는 광고지에 쓰인 기사이다. 귀국 무렵 장씨는 5월 4일에 비라토리초 사무소를 방문해, 귀국 기념으로 사무소 앞마당에 소나무를 심었다고 한다.

제가 일본 거주 기간 동안 여러분에게 많이 신세졌습니다만, 베풀지도 못하여 면목없게 생각하고 있습니다. 제가 귀국한 후에, 이

마당의 나무를 보며 장이 심은 나무가 이것인가라고 생각해 주신다면 행복할 것 같습니다. 여러분의 은혜는 제 인생에 잊을 수 없는 기억일 것입니다. 귀국 후에는 일본과 조선이 언제라도 자유롭게 왔다 갔다 할 수 있도록 노력하겠습니다.

『비라토리초 소식平取町政便り』1960년 5월 25일

장씨가 비라토리초의 사람들과 우호적인 관계를 쌓았고, 장래에 대해서도 그 우호 관계가 이어지기를 기원했다는 것을 정확히 이해할 수 있는 기사이다. 하지만 비라토리초 사루바의 부지 내에는, 장씨의 식목을 기술한 바는 일절 없고, 식목했다고 하는 소나무도 현재는 모두 벌채되었다.

비라토리정사(平取町史)에서 조선인이 마을 사람들과 공존하며, 우호적인 관계를 쌓았다고 하는 기억은 지워져가고 있다. 전쟁 전이나 전시 하(戰時下)에 조선인의 홋카이도에의 정주화(定住化)는 아이누 민족과의 깊은 유대 속에서 형성되어 왔다. 하지만 그런 증언하기를 꺼리는 것이 현실이며, 현재도 그 금기에서 해방되었다고 말하기는 어렵다.

필자가 청취 조사를 했을 때, 기록하는 것을 거부한 아이누인도 있었다. 아이누 민족이라는 것을 명예롭게 생각하고, 문화 전승을 하면서도 조선의 뿌리를 두는 것을 분명하게 하는 것에 대한 단호한 거절이었다. 한편 그분은 아이누 민족이라는 것이나 조선 이외의 선조에 대해서는 적극적으로 말해주었다. 여기에, 일본에서 아이누 민족과 조선과의 굴절된 관계성이 나타나고 있다고 생각된다.

제주도 「4·3사건」과 재일 조선인

일본의 패전 후, 조선 반도는 일본의 식민지로부터 해방되었지만 그 환희도 잠깐, 미국과 소련의 냉전의 최전선이 되어, 1950년(쇼와 25년) 6월에 한국 전쟁이 일어나 북한과 남한의 동포가 전투하는 비극이 일어났다.

그 시기에 가장 먼저 전쟁터가 되었던 것이 제주도이다. 1943년, 일본에 대한 기본원칙을 정한 연합군이 출발했다. 「카이로 선언」에는, "조선 인민의 노예 상태에 유의하여 적당한 절차를 거쳐 조선을 자유롭고 독립적인 국가로 한다." 라고 되어있으며, 조선 반도의 '신탁 통치'가 연합국에 의해서 합의되었다.

그러나 일본의 패전 때, 이 '신탁 통치' 안은 조선에서의 민족주의자, 좌익, 반소련·반공주의자, 친일파 등, 남북 쌍방에서 많은 조선인들의 격렬한 반대운동이 있었다. 이 운동은 "켕기는 데가 있는 친일파가 민족 독립의 대의를 가지고 정치적으로 복권(復權)할 적당한 찬스를 주었다." 고 알려졌다.

부루즈 가민구스의 『조선 전쟁의 기원1』에서는 해방 직후에 미국과 소련의 점령 하의 조선 반도에 대한 자세한 내용이 1차 사료에 의해 분명하게 적혀있다. 이 사실의 검증은 상당히 중요하다. 가민구스는 먼저, 1945년 9월 22일, 남한의 좌익 신문 『노동신문』이 이하의 성명을 게재하고 있는 것을 기술하고 있다.

우리가 해야만 하는 일은, 우리의 적인 일본인과의 관계를 갖지 않고 모든 계층의 국민을 포함한 완전한 독립국을 수립하는 것이다. 소련은 사대국 중에서도 끝까지 노동자와 농민의 주권을 주장하고 있다. (중략)

올해는 농작물을 일절 일본에 보내지 않는다. 일본인에게 귀속하는 수확물은 인민 위원회에서 징수한다. (중략)

악질적인 친일 분자는 완전히 쓸어버린다. '친일파' 진영 내외에 있는 불순분자에 대해서는 단호한 추방 처분을 내릴 것이다.

이 성명은 북한의 사회주의 정권 수립을 계획하고 있던 조선 반도 전역의 인문 위원회의 요구를 반영한 것이라고 생각된다. 하지만, 일본의 패전 당시 사회주의 국가연방 소련의 군대는 약탈과 강간 등의 만행을 만주 등에서 일으키고 있었다. "강간이나 약탈에 대한 자세한 내용은 남한에서 벗어난 일본인에게 있어 더욱 증폭되었지만, 일본인은 북한에 있는 공장이나 광산을 파괴하고, 게다가 북한에서 탈출하기 위한 비용에 달하는 대량의 지폐를 인쇄함으로써 경제 자체를 철저하게 파괴했기 때문에 타인을 비난 할 수 있는 입장은 아니었다."라고 가민구스는 말하고 있다.

만주에서 소련의 철거 조사를 행한 포리 위원회는 1946년 6월 보고에서, 조선에서는 남한으로 퇴진하는 일본인에 따른 파괴행위의 가능성이나 소련의 기술자가 손해를 입은 공장의 부흥에 노력하고 있는 것, 소련이 북조선의 산업을 남겨 '의식적 노력'을 하고 있는 것

등을 전하고 있다.

　소련군뿐만 아니라, 미국군도 조선 반도에서 여러 가지의 약탈 행위를 행했다. 그것은 그다지 밝혀지지는 않았지만, "강간의 보고는 끊임없이 있었고, 1945년에는 경성제국 대학(그 후, 서울국립대학으로 개명)의 건물 일부는 미국군의 숙소로 사용되어, 도서관이나 실험실에서 심한 약탈과 파괴가 행해졌다. 더욱이, 미국군이 38도 선을 넘어오는 이민자의 돈을 몰수했다고 하는 증거는 얼마든지 있고, 그것이 당연하게 여겨졌던 증거도 충분히 가지고 있다."라고 하는 지적은 중요하다.

　또한, 소련군 안에는 조선인의 장교도 존재해, 러시아인에게 명령을 내리는 일도 있었지만, 한편, 그것과는 대조적으로 미국군은 두 명의 조선인을 '하우스 보이'*로서 고용하고 있었다고 미국인의 인종학자 데이비드 옴스테도는 말하고 있다.

　이 점령기에 남조선에 있어서 미군의 조선 민족의 멸시가 있고, 반공 정책의 기본, 조선 민족을 적시하는 정책이 미국에 진행되고 있었다. 일본인의 조선인 차별 의식이 패전 후에도 미군 점령 하에 계속되고 있었다고 말할 수 있다. 한편, 소련 통치하의 사할린에서는 가령 스탈린 시대에도, 해방 후는 러시아인과 조선인은 양호한 관계에 있었다는 사할린 잔류 한인의 증언이 있다.

---

*하우스 보이 : 한국전쟁 당시 미군 부대에서 청소, 빨래 같은 허드렛일을 하는 소년들을 지칭

패전 후, 러시아 사람들이 들어왔지요, 그러한 것(차별)은 없었어요. 그 전의 일본 사람들은 가라후토(樺太 -사할린)에 들어왔지만 "조센징, 조센징, 바보 멍청이"라던가, "마늘 냄새가 지독해"라든지, 그런 식으로 놀림 받았는데 러시아 사람들은 그러한 것을 전혀 하지 않았어요. 무척이나, 마음이 넓다고 해야 하나, 어쨌든 그러한 것은 없었어요.

그러나 한편으로는 이하와 같은 증언도 있다.

나는 일제 강점기 일본 학교를 다녀, 종전 때에는 3학년이었습니다. 전쟁 후에는 조선학교에서 3,4학년을 다니고 나서 러시아 학교에 갔습니다. 일본에도 소련에서도 차별은 없었습니다. 나도 그러한 것에는 주의를 하고 있었습니다만 놀림 받거나 한 적은 없었습니다.

나는 일곱 살에 진죠소학교(尋常小学校) 1학년이 되었습니다. 전쟁이 일어나고서는 국민학교(國民學校)가 되었습니다만, 그때에는 진죠고등소학교라고 불렀습니다. '황국거민의 맹세'라든지, 여러 가지를 시켰습니다. 일본에서 차별이 없었다고 할 수는 없었습니다. "조센징, 조센징, 바보 멍청이"라든지. 그렇게 불렸지요. 하지만 그것은 아이들의 개구쟁이 시절의 장난이니까요. 일본인으로서 교육을 받고 있었으니까. 당시는 군사교련(軍事敎練)을

시키고, 뺨을 맞거나 했습니다. (중략)

소련 시대에는 조선에 대한 차별이 많이 있었습니다. 점차 차별이 없어지기는 했지만요. 나의 제일 큰 형님의 부인이 일본 분이라, 1957년에 영주 귀국했습니다. 지금도 도쿄에서 살고 있습니다. 형은 돌아가셨지만, 형수는 아직 살아계십니다. 일본 도쿄의 가쓰시카(葛飾)라는 곳입니다. 부인이 일본인이라 일본에 귀국한 조선인은 많이 있었습니다.

증언에서 알 수 있는 것은 소련(ソ連) 사할린(サハリン) 점령 때와 그 후 통치에 있어서는 조선인은 차별을 의식하지 않았거나, 차별이 있었다고 해도 그것이 점점 사라져 갔다, 라고 하는 것이다. 이것에 대해 미국이 조선에 행한 반공 정책이나 인종차별은 남북조선 사람들에게 있어서는 굴욕적인 것이고, 미국 점령 하의 전후 일본에 있어서도 조선인에 대한 태도는 같았다.

북조선 지역에서는 1946년 2월에 소련이 지원하는 김일성(金日省)의 북조선 임시 인민 위원회가 활동을 시작했다. 1946년 3월에는 미소 공동 위원회가 통일적 임시정부의 수립을 목표로 한 대화를 진행하지만 북과 남에 분극된 정권 수립으로 전개해 간다. 북에서는 친일적인 대지주나 중소지주 등이 '민주개혁'으로 토지에서 쫓겨나게 되어, 대량의 '월남자'가 생겼다. 그 수는 약 80만 명이라고도 한다. 그 대부분이 철저한 반공주의자가 되었다. 그러한 반공주의자들의 「서북청년회」라고 불리는 우익집단이 제주도로 몰려갔다.

그렇게 하여 '4·3사건'이 발생한 것이다. 사건의 개략은 아래와 같다.

미국은 조선 반도에서 유엔 감시 하에 선거에 따른 신 국가 수립을 바랐지만, 소련에 의해 거부당해, 남쪽만 단독 선거를 행하는 것으로 했다. 이 일방적 결정에 대해 남조선 노동당 제주도당이 1948년 4월 3일, 무장 봉기했다. 이것이 '4·3사건'의 중심적인 상황이지만, 사건의 발단이 된 남북통일 국가수립의 데모를 행하고 있었던 도민 여섯 명이 경관에 의해 살해당한 1947년 3월 1일의 '3·1사건'에서 4월 3일 후에도 행해진 미군이나 증파된 경찰, 서북청년회(우익테러집단) 등에 의해 도민에 대한 철저한 무력 탄압(무도한 고문이나 학살, 강간 등) 전부가 '4·3사건'으로 통칭되고 있다.

한국에서 '4·3사건'에 대해 이야기하는 것은 오랫동안 금기였다. '4·3사건'은 공산주의자의 폭동, '빨갱이'의 무장사건으로 간주되어 희생자 유족이 가족의 죽음을 생각하여 우는 것조차 삼가해 왔던 것이다.

한국에서는 1990년대 후반의 민주화를 지나, 1998년에 '제주도 4·3사건'을 생각하는 모임의 활동을 시작으로, 2000년 1월 12일, 「제주 4·3사건 진상규명 및 희생자 명예회복에 관한 특별법」이 제정되었다. 이 각령에 따라 제주도에 설치된 「제주 4·3사건 실무위원회」의 조사에서는 군, 경찰, 서북청년회에 의해 살육의 희생이 된 마을은 섬 전체에서 84군데이다. 학살은 지식층이나 법조, 교육, 언론계 등 유력자 이외에 관공서에 대해서도 행해졌다.

문경주(文京珠)의 『제주도 4·3사건 - 「섬의 나라」 죽음과 재생의 모노가타리(物語)』에 의하면, 1948년 11월 1일에는 「제주도 적화 음모 사건」이 발생했다. 85명의 경찰관이 검거당하고, 20~33명은 재판에 처하는 일 없이 즉각 처벌 당해, 시체는 제주도 앞바다에 흘려보냈다고 한다.

2003년 10월, 노무현(盧武鉉) 정권하에서 국가 차원에서 한국정부는 '4·3사건'의 희생자에게 사죄를 하고, 위령장(慰靈場)을 설립했다. 이후, 매년 4월 3일에 제주도 〈제주도 4·3 평화공원〉에서 위령제가 행해지고 있다. 그런데 '4·3사건' 하의 제주도에서 발생한 사건에서는 처형, 학살당한 시체는 바다에 버려지는 일이 많았다. 예를 들면, 1948년 11월 5일에는 구 일본 자산 관리를 행하던 신한공사 직원 30명 이상을 '좌익 프락치'로 처형시켜, 제주 앞바다로 흘려보낸 사건이 있었다. '수장'이라고 불리는 시체를 바다로의 투기는, "학살 흔적을 지우기 위해 행해졌다고 하지만 특히 조선 전쟁 발발 후에 자주 사용되는 학살의 수법이 되었다."라고 한다.

그 '수장'에 따른 많은 시체가 일본의 쓰시마(対馬)에 표착했다고 한다. 그 표류 유체라고 간주되는 유골은 현재 나가사키현(長崎県) 쓰시마시(對馬市) 이즈하라(嚴原)의 다이헤이지(太平寺)에 공양, 보관되어 있다.

개기(開基) 690년이라고 하는 다이헤이지 47대 주직(住職)인 미야가와 나가미(宮川長巳)씨가 제주도에서 온 표착 유체의 유골이라 생각되는 것을 발견한 경위는 이하와 같다.

"10년도 전에 단카(檀家)'들의 불단 뒤에 있는 판자, 그 한 장이 무너져서 끝이 조금 깎여 버렸기 때문에, 그 가운데를 보니 나무상자에 들어 있는 대량 유골이 있었습니다. 50~60구는 있었다고 생각합니다. 나무상자를 감싸고 있던 천도 노란빛을 띠고 있었다기보다, 갈색이 되어 있었습니다. 그것을 아내와 둘이 일륜차에 태워 묘지에 옮겨 공양하고 나서 매장했습니다. 그것이 한국으로부터 온 표류 유체인지 어떤지는 모르지만 현재도 일 년에 한두 번 그런 표류 유체는 있습니다. 임시 납골당에 들였습니다만 가득 차서 표류 유체는 별도의 신사 묘지 위쪽에 매장되어 있습니다."

　미야가와 주직에 의하면, 2006년 전후에 발견된 대량의 신원 불명 유골은 선대 주직 이전부터 있었다고 생각되어지지만 그 존재는 알려지지 않았다고 한다. 미야가와 주직은 한국으로부터의 표류 유체인지 어떤지는 불명하다고 하면서도 현재, 다이헤이지 묘지에 "헤이세이 5년 8월 길일 47대 미야가와 나가미 건립"의 「표류자의 영위(漂流者の靈位)」라고 기록된 기념비가 세워져 있다.

　이 사실에 대해 한국에서도 조사단이 종종 방문하여 다이헤이지에 유골 반환 신청을 했다고 한다. 미야가와 주직은 유골 반환을 위한 여러 가지 준비를 행하고 있었지만 반환 직전에 한국 조사단이 사실은 영리 목적의 업자였다는 것이 판명되어 결국 유골 반환을 거부

---

* 일정한 절에 속하여 시주를 하며 절의 재정을 돕는 집, 또는 그 사람

했다고 한다. 많은 표류 유체의 유골은 현재도 나가사키현 쓰시마시 이즈하라 다이헤이지에 매장되어 있다.

사진 21 나가사키현 쓰시마시 이즈하라 다이헤이지

사진 22 다이헤이지 표류자 위령비

조선인과 아이누 민족의 역사적 유대

제8장

제국주의의 잔재 – 망각의 역학

북미(北米), 중남미(中南米)의 선주민과 아프리카 노예 관계에 대하여

홋카이도 선주민 아이누와 식민지의 강제적 노무 동원에 연행된 조선인 관계와 같이 북미, 중남미 역사에 있어서도 식민지 노동자와 원주민이 협력 관계에 있거나 문화 혼합이나 혈연관계가 있었던 것이 밝혀졌다. 그러한 사실은 미국에서도 오래 감춰져 온 것이었다. 아프리카에서 연행된 노예들을 숨겼던 것은 미국 인디언이었다. 노예들의 자유로의 최초의 길은, 미국 인디안 마을로 도망친 것에 의해 초래되었다. 그 마을은 노예 남녀가 정착화해 있던 선주민에 의해 받아들여져 친교를 맺을 수 있도록 한 '터틀 아일랜드(タートルアイランド)' 였다.

윌리엄 로렌 갯츠(William Loren cats)의 『Black Indians』(2011년)에는 미국으로 건너온 초기 유럽인에 따른 가차 없는 잔학 행위에 대해서 인디언과 흑인 노예가 서로 도와, 숨겨주며 문화적으로도 인종적으로도 공존했던 발자취를 더듬어 가고 있다. 혈연적으로도 문화적으로도 아프리카 노예와 미국 인디언의 깊은 유대가 현재에 이르기까지 미국에는 있는 것이다.

이하는 갯츠의 웹사이트에서 공개되고 있는 내용 등을 요약한 것이다. 갯츠는 다음과 같이 서술하고 있다.

> 이 역사는 더없이 중요하다. 왜냐하면 이 4세기 동안, 아프리카계 미국인과 네이티브 미국인들은 함께 유럽의 정복이나 노예제와 싸우고 지금도 역시 미국 교육이나 언설에 있어서 반복되는 표상

에 대해 싸우고 있는 것이다. (중략) 우리나라의 역사는 조지 워싱턴이나 토마스 제퍼슨, 앤드루 잭슨 등 자유와 싸운 영웅들의 신화 축적에 따라 이야기되고 있다. 그리고 나는 이들 영웅이 아프리카인이나 선주민 거주지를 노예화하고 전쟁에 말려든 것을 증명한다. (중략)

아프리카인 안내자나 식민지 시대의 통역자 등은 현지 사람들과 접촉하는 것에 가치를 두게 되어 1680년에 종결을 본 수년에 걸친 스페인의 지배에 반감을 품고 있던 것으로 알려진 푸에블로는 아프리카인과 인디안 동맹에 대해 조사를 했다.

또한, 1738년에 블랙 인디언의 커뮤니티는 플로리다에서 영국 침입에 대항해 자유를 지키기 위해 싸운 프란시스코 메넨데에 대해서도 소개한다. 로드 아일랜드나 코네티컷, 롱 아일랜드나 뉴저지 등, 푸케, 왕팡고, 몬타쿠지(モンタック地)외에 많은 부족이 사는 동부 해안이나 그 밖의 많은 지역에서 부족의 복잡하게 얽힌 역사를 소개하고 있다.

1763년에는 영국이 플로리다에 대해 항의하고, 스페인은 블랙 인디언 가족을 쿠바로 보내, 자유의 몸이 된 것을 갯츠는 서술하고 있다. 현재, 이 조상의 자손들이 쿠바 동해안의 도시 산티아고 드 쿠바 부근에 살고 있다고 말해지지만, 이미 블랙 인디언으로서의 아이덴티티는 거의 갖고 있지 않다고 한다.

이와 같이 미국 식민지 시대의 극히 초기에 있어서 선주민 지배와 노예제의 역사는 이 책의 서브타이틀에도 있듯이, 미국에 있어서도 그것은 '감추어진 유산'인 것이다.

또한, 아프리카계 미국인에 관한 사이트 「EBONY Life」에서는 선주민과 아프리카 노예의 최초 접촉 기록부터 복잡한 협력 관계에 달한 사정을 간결하게 정리해 놓았다.

가장 빠른 시기의 아프리카인과 네이티브 미국인의 접촉 기록이 발견된 것은 1502년이고, 최초의 아프리카 노예가 히스파니올라 섬에 연행되었지만, 어떤 사람은 그곳으로부터 탈출, 산토도밍고로 건너갔다. 이들 블랙 인디언은 세 개의 집단으로부터 통합된 것이다. 최초의 블랙 네이티브 미국인은 이러한 집단에서 태어났다. 해방을 우선으로 하는 흑인과 선주민 사이에는 자주 곤란한 일이 생겼다. 몇 개의 선주민 부족은 미국 정부 쪽에 붙어, 노예 제도 플랜테이션을 소유하고 있었다. 선주민이 소유하고 있던 노예와 노예가 된 아프리카인들은 여러 차례 유럽인이 경영하고 있던 플랜테이션에 존재하고 있던 노예와는 달랐다. 이것이 더욱 흑인과 선주민 관계를 복잡하게 했다.

하버드 대학의 역사학자 헨리·루이스·게이트·주니어는 2009년에 "미국 전체 흑인의 일부 5퍼센트가 적어도 12.5퍼센트의 네이티브 미국인이 선조이며, 마찬가지로 적어도 한쪽의 증조부모가 있다."라고 서술했다.

플로리다 세미놀 네이티브는 탈출해 온 아프리카인과 함께 지역

사회를 만들어, 블랙 세미놀이 형성되어 온 과정에 대해서 창조적인 활동을 하고 있다. 수백명의 아프리카인이 세미놀과 함께 여행을 했다. 그것은 네이티브 미국인 거주지에 강제적 이주를 시켰던 때이다. 그중 몇 명은 플로리다에 머물고 있다.

1835년의 통계에 따르면, 10퍼센트의 체로키 사람들은 아프리카인과 혼혈이다. 남북전쟁 전에는 체로키족 안에서 거주하고 있던 아프리카인은 노예화되거나 자유로워지거나 했지만, 시민권은 없었다. 1866년, 체로키족은 미국 정부와 아프리카 유산으로 이 사람들의 시민권을 전면적으로 인정받는 교섭을 성립시켰다.

이상과 같이, 복수의 선주민이 각각 다른 배경에서 아프리카 흑인과의 유대를 갖고, 그것을 창조적으로 다양한 관계성으로 발전시켜 시민권을 얻기까지 도달했다. 선주민의 교섭력은 다른 문화나 인종의 접촉이 풍부함을 새로 만들어 내는 가능성에 대해 시사하는 것이다.

또한, 「가리푸나(ガリフナ)」라고 불리는 중남미 선주민과 아프리카 노예 혼혈인 사람들이 존재한다. 독립행정법인 국제협력기구의 홈페이지에 따르면 "가리후나인은 1635년 아프리카로부터 노예선으로 운반되어 온 사람들이 난파선에서 도망, 동 카리브(カリブ) 섬들에 정주화해 있던 아라와크(アラワク)족과 혼혈로 태어났다. 당시 이 지역은 영국과 프랑스의 영유권 싸움의 소용돌이 속에 있었고, 1797년 1,080명의 가리후나는 영국군에 의해 고유의 땅에서 쫓겨나 카리브해를 표류, 겨우 다다른 곳이 온두라스의 로아탄 섬이었다.

그곳에서 중미 카리브해 연안으로 북상하여, 벨리즈에 상륙한 것이 1802년 11월 19일이었다." 라고 설명되어 있다.

한편, 유네스코에서는 이 가리후나에 대해 다음과 같이 말한다.

> 1797년에 세인트빈센트 섬을 어쩔 수 없이 도망친 가리후나 사람들은 중앙아메리카의 대서양 해안을 따라 흩어져서 정주화 했다. 가리후나 사람들은 카리브의 선주민족과 아프리카로부터 노예가 되어 연행된 사람들과의 혼혈로, 현재에는 온두라스, 과테말라, 벨리즈에 커뮤니티를 구축하고 있다고 말해진다.

유네스코의 기술은 노예로 세인트빈센트 섬에 연행된 사람들이 이미 '가리후나' 로서 존재해 있는 것을 나타내는 것이며, 왜 '어쩔 수 없이 도망쳤는지' 에 대한 기술은 없다. 결국 아프리카 노예와 중남미 선주민과의 연결도 북아메리카와 마찬가지로 혼혈과 정주화의 역사를 나타내는 것이다.

더욱이 "유전학적으로 본 가리후나의 기원은 평균적으로 76퍼센트가 사하라 이남 아프리카(サブサハラアフリカ)계, 20퍼센트가 아라와쿠족 또는 소앤틸리스 제도(小アンティル諸島) 선주민계, 4퍼센트가 유럽인계이다." 라는 연구 결과가 나와 있다.

현재, 유전자 생물학의 DNA 감정에 따라 자신의 선조를 거의 완벽하게 거슬러 올라가는 것이 가능하다. 감정을 받은 많은 사람들이 자신 안에 여러 인종과 민족의 피가 섞여 있는 것을 알고, 인종적 편견이 무의미하다는 것을 납득한다고 한다. 레이시즘을 극복하는 하나의 방법은 자신 안의 다양한 선조를 아는 것일지도 모른다. 균질하고 단일한 문화를 가졌다고 일반적으로 믿고 있는 일본에 있어서도, 민족적·인종적 다양성 및 중층성은 부정할 수 없는 것이다.

맺으며

동아시아에 있는 사람들의 이동과 교류는 고대부터 근세·근대를 지나 문화나 혈통의 혼합과 다양화를 창출했다. 근대기의 대일본제국에서는 식민지 지배와 영토 확장을 하고 있을 때, 민족의 다양성과 혈통 혼합의 역사도 지배자 측의 언설로서 강조되었다. 하지만 대일본제국의 붕괴와 동시에 혈통이나 문화의 혼합이나 교류의 기억은 사라져 버렸다.

홋카이도에서 조선인들의 이주와 정주화 과정에 아이누 민족과 깊은 유대 관계가 있었다는 조사를 약 10년간에 걸쳐 계속해 왔다. 이것은 가혹한 노동 현장에서 탈출한 조선인들을 아이누 민족이 지원하고, 혈연을 맺는 등 정주화까지 이어지는 관계의 역사이다.

또한 그 유대로 아이누 문화를 전승하는 조선인들도 생겨났다. 이러한 관계성은 세계사적인 시각으로 볼 때, 북·중남미의 원주민과 아프리카 노예의 유대감 등의 예와 같이 식민지 지배와 제국주의가 초래한 보편적인 구도라고 말할 수 있다. 이러한 관계성은 다양하고 중층적이다. 결코 단순한 것이 아니다. 또한 미담일 뿐인 이야기도 아니다. 하지만 억압과 배제라는 가혹한 상황 가운데 두 가지의 마이너리티가 인종·민족의 차이를 묻지 않고 더불어 살아가는 것을 선택했다.

글로벌화가 진행하고 있는 현재, 세계적인 규모에서 경제의 절망적인 격차가 한계점까지 도달해 있다. 절대적 '타자' 가 생기는 분쟁이 항상 만들어져, '타자'를 공격하는 것으로 사람들이 밸런스를 유지해 나가고 있는 것처럼 보인다. 그 결과 고향으로부터 끌려나와 이동을 반복하는 사람들이 재생산되고 있다.

전시 하의 일본에 있어서 조선인의 강제적 노동 동원이 행해진 것은 많은 자료가 증명하고 있다. 그리고 그 가혹한 노동 현장으로부터의 조선인의 탈출을 도운 아이누 사람들이 있다. 그러한 행위가 현재에서 보면 휴머니즘이나 미담 정도로 말해진다고 생각이 된다. 하지만 당시, 그러한 행위가 얼마나 위험한 것이었는지에 대해 생각하지 않으면 안 된다. 어떻게 아이누 사람들은 이러한 행위를 할 수 있었던 걸까?

제국주의의 식민지 지배는 식민지가 된 지역으로부터 노동력을 폭력적으로 착취한다. 시스템화된 폭력이 종주국의 국민에 대해서 일상적인 것이 됨과 동시에 국민은 무의식 속에 식민지 지배자로서의 의식·사상이 형성되어 간다. 그 결과 압제적인 폭력의 시스템을 긍정하게 되고 그것을 부정하는 것을 '악'으로 보고 '범죄'라고 생각하게 된다.

권력이 결정한 큰 폭력의 틀에서부터 말단의 직접적인 폭력으로 이어지고, 체제의 시스템은 흔들림 없이 그것에 저항한다. 이를테면 의문을 외치는 것이 일반적으로는 극히 곤란하여 용기를 수반하는 것이다. 권력의 결정 사항을 조용히 행하는 관료적 사고와 행동에

의해서 제2차 세계대전 중의 독일에서는 최악의 학살이 행해졌다. 그러한 폭력적 지배의 의식·사상에 익숙해져 버린 관료적 사고와 행동하는 것은 한나 아렌트의 『예루살렘의 아이히만』이나 『전체주의의 기원(全体主義の起源)』 등에서 "악의 범용성"이라고 했다.

이러한 사고정지 상태의 대극적 관계에 있는 것이 아이누 사람들의 행위에 있는 것이 아닐까? 도망친 조선인 노동자는 엄하게 벌을 받아 죽음에 이르는 폭행을 당하는 일도 적지 않았다. 이런 탈출자를 숨겨, 혈연관계를 맺고 정주화 시켜준 행위는 목숨을 건 것이라고 말할 수 있다.

'홀로코스트(Holocaust)'의 알려지지 않은 역사의 측면을 밝힌 티머시 스나이더(ティモンー_スナイダー)의 『블랙 어스(ブラックアース)』에서는 유대인을 숨기고 도망에 협력해준 여러 사람에 대해서 분석을 했다. 저항 운동에 참가한 사람이나, 반유대주의자의 우익, 일본 외무성의 스기하라 치우네(杉原千畝)까지도 포함한 '회색 구제자(グレイな救済者)', 폴란드나 소비에트 등의 '하늘과 땅의 빨치산(天と地のパルチザン)' 그리고 이름 모를 다수의 '정의의 소수자(正義の少数者)'들. 그것이 유대인을 구제한 복잡한 다수의 사람들의 형태이다.

스나이더에 의하면 "정의의 소수자"는 유대인 구제에 대해 이야기하지 않고, 말을 할 때도 "도와준 사람들에게 있는 특별한 겸허함, 동기에 대해서는 지금도 입을 다문 채로 기가 죽어있는 경향이 틀림없이 존재"한다고 한다. 그것은 "성별, 계급, 언어, 민족, 세대를 뛰어넘는 일관된 '선(善)의 범용성'이다."라고 한다.

강제적인 노동 동원의 현장에서 탈출한 조선인들을 숨기고, 그 도망에 협력한 아이누 사람들은 이런 유대인들을 구제한 이름 모를 '정의의 소수자'의 모습과 겹친다. 조선인을 구제한 아이누 사람들은 전쟁 후, 누구든 같은 모습을 하고 있었을 것이라 생각되지만, 이러한 행위를 하고 있었던 것은 자신들뿐인걸 알고 그 이후 입을 다물고 있었을 것이다. 조선인을 도운 아이누 당사자들은 전쟁 후에도 그런 사실을 침묵하고 이야기하지 않았다. 이것을 이야기하기 시작한 것은 필자가 물으며 듣고 다닌 2005년 이후의 일이다. 이미 타계한 조상의 행위를 이야기한 것이다.

홋카이도에 있어 선주민 아이누와 식민지 피지배자인 조선인의 유대는 종래의 아이누 모습을 뒤엎는 것임과 동시에 '저항'과 '협력' 사이에서 생겨난 인간으로서의 '정의의 행위'는 기적적인 '희망의 행위'로서 오랫동안 기록·기억되어야 할 것이다.

2016년 6월, 「헤이트스피치 대책법」이 시행되었다. 하지만 그 이후에도 배외적인 헤이트스피치는 일상적으로 행해지고 있다. 인터넷이나 만화를 통한 인종차별주의를 선동하는 언론·행동은 계속되고 있다. 또한 일본은 단일 민족 국가라고 계속 말하고 있는 일본 정부는 아이누가 선주민이라는 것을 인식하고는 있지만, 공개적으로 피차별 부락 문제, 재일 조선인 문제, 아이누 민족 문제를 채택하려고도 하지 않고, 소수 인권이나 사회 참가 의회 등을 보장하는 제도와 사회적 의식을 현재 충분하게 언급하지 않는 상황이다.

일본인으로서의 긍지를 육성한다는 사립학교에서는 재일 외국인에 대한 극단적인 차별적 언행이 교육이라는 이름으로 행해지고 있고, 일본인의 배외주의적 의식은 근래에 더욱 증폭되어 세대를 뛰어넘어 계속 계승되어질 것으로 보인다.

수년 전부터 재일 조선인뿐만 아니라 아이누가 그 표적이 된 기억이 새롭다. 삿포로(札幌)시의회 의원의 '아이누 따위 없다.' 라는 트위터에서의 발언을 시작으로 많은 논쟁이 전개되었다.

현재에 이르러서도 마치 아이누라는 이유로 취직이나 결혼에서 차별을 당하고 있는 사실, 매일매일 정신적 억압을 계속 받고 있는 존재라는 것은 명확하게 기록하지 않으면 안 된다. 그래서 아이누와 조선 양쪽의 조상을 가진 사람이 안고 있는 중층적인 억압에 대해서는 더욱 신중한 기록과 표상이 필요하다고 생각한다.

조선인과 아이누 민족이라는 것에 긍지를 가지고 문화 계승에 많은 의식을 보여주고 활약하는 사람들이 있는 반면, 지금까지도 자신의 자식에게 조선인이 조상이라는 것을 밝히지 않는 아이누 사람들도 존재한다. 이러한 복잡한 중층적인 억압 속에서 갈등이 계속되고 있는 것도 사실이다.

표층적으로는 균질한 단일 문화·사회를 형성하고 있다고 생각하는 일본에도 적지 않은 외국인과 다른 문화를 가진 사람이 공존하고 있다. 종래의 마이너리티 연구에 있어서도, 피차별 부락민과 아이누 민족, 재일 조선인 등의 마이너리티는 각각 독립된 마이너리티로 받아들여져, 개별의 존재로서 이해받고 있다.

하지만 홋카이도에 있는 조선인과 아이누 민족의 유대는 전근대기부터 현재에 이르기까지 매우 복잡한 중층적인 관계성을 가진 것으로 받아들여질 필요가 있다. 그러한 시점을 갖지 못한다면 '순수한 마이너리티'라는 허상 속에 중층적인 아이덴티티를 가진 사람들에 대한 새로운 차별과 배제를 재생산시키는 것으로 이어지기 때문이다.

이렇게 중층적인 마이너리티의 형성 과정을 밝히는 것이 근대에 있어서 아이누 역사를 재검토하는 것과 동시에 재일 조선인의 형성 과정에 있어서도 새로운 시점을 제시하는 것이라고 생각한다. 그리고 그것은 일본 사회·일본 문화의 다양성이라는 시야로부터도 새로운 전개를 초래하게 될 것이다.

글로벌화가 진행된 1990년대부터 연구자 간에 있어서도 '지배'와 '피지배'라는 대립 구도는 진부한 것으로 중간 영역을 클로즈업함에 따라 상대적으로 대립 구조를 무력화 시켜 나가는 경향이 나타났다. 이러한 상대화가 극우적인 배외주의와 역사 왜곡을 가속시켰다. 세계가 하나가 된다고 하는 이런 이미지는 아름다운 현상으로 말해져 왔다. 하지만 실제의 글로벌리즘은 이념 없는 자본의 폭주와 배외주의가 발호(跋扈)하는 다극화된 세계였다.

일본에 있어서는 전후 70년을 지나, 미국과의 종속 관계는 긴밀도를 늘리는 한편, 아시아에 있는 전쟁과 식민지 지배의 기억은 반성에 기인한 것이 아닌, 전쟁 전으로 회귀하는 듯한 역사의 해석이 행해져 배외적인 차별주의를 늘려가고 있다.

2017년 현재, 복잡하게 뒤얽힌 글로벌리즘 속에서 사람들은 분단되어 분쟁이 일어나지만, 고향으로부터 끌려 나와 이동을 반복한 사람들과의 연대와 협력이 자본이나 군사력의 폭력이 서로 대항하는 세계와는 달리 다양하고 풍요로움을 가져오는 세계를 재구축할 가능성이 있는 것은 아닐까.

야마미치 기시코(山道きし子)

▸ 1935년 홋카이도 비라토리초 오사치나이 출생
▸ 2016년 6월 19일, 니브타니에서 청취

조선인들이 3, 4명 왔었어. 배가 고프다고 해서 우리 엄마가 말이야, 사람이 좋아서 말은 못 알아들으면서, 집에는 들이지는 않았지만 밥과 다른 음식을 먹이셨지. 그렇게 했더니 기뻐했어. 그것이 확실하게 기억나. 10살인가 11살 때의 일이었지.

돼지를 맡아서 기르기 때문에 저녁이 되자 돼지에게 먹일 싱싱한 풀을 가지러 강가로 갔었어. 도로에서 5, 6명이 걸어오더라고. 호로케시(幌毛志)에서부터 걸어왔다고 해. 도망쳐 온 것이 아니고, 주간의 일이 끝나고 저녁에 돌아온 것 같아. 그때는 쌀밖에 먹을 것이 없었으므로, 무엇이든 먹을 것을 주었다고 해.

그리고 도망치다가 잡히면 산 채로 묻어버린다고, 그 일을 하는 곳에. 그렇게 들었어. 선로를 만든다고 하던데. 거기에 묻어버린대. 살아있는 채로. 그렇게 일본인이 사람 시켜서 잔인한 짓을 했다고 해. 어릴 때인데도 들어서 기억나.

호로케시에는 큰 노동자 합숙소가 있었어. 지금 가도 나는 알 수 있

을 것 같아, 국도의 구석진 곳이야. 나중에 온 새아버지는 조선인이 었어. 아버지가 일찍 돌아가셔서 어머니가 재혼한 사람이 조선인이 었어. 카네하라(金原)라고는 했지만 진짜 이름은 몰라. 카네하라 에이콘(エイコン)라고 불렀어? 아니 잊어버렸어. 기억이 확실하지 않아. 내가 14살 아니면 15살 때 어머니가 재혼했어.

카네하라는 니부타니(二風谷)에서 아이누 사람과 함께 살았던 것 같아. 아이도 벌써 두 명 있었어. 사탕을 팔러 다녔기 때문에 그래서 어머니도 함께 사탕을 만들었어.

녹말로 사탕을 만들었어. 그리고 숙주나물과 전분을 사와서 큰솥에 섞어서 끓여 그것을 소쿠리에 걸러 바짝 졸이면, 사탕이 되는 거야. 그 사탕을 나는 전부 팔러 다녔어.

그리고 그 일을 오랫동안 하면서, 잡화점을 열었어. 그리고 면허를 취득해서 차를 사고 그렇게 나아갔지. 그리고 후레나이(振內)에 집을 지었어. 집에서 어머니가 돼지를 키운 것이 계기가 되어 12월에 후레나이로 갔지만 어머니는 뇌출혈로 갑자기 돌아가셨어. 58세에. 3월에 돌아가셨지. 새 집에 3개월 정도밖에 살지 못했어.

카네하라는 혼자서 후레나이에서 잡화점을 하며, 이번에는 내지에서 일하러 온 젊은 여자와 재혼했지만, 헤이세이 7년(1995년) 70세 정도에 돌아가셨어. 그리고 재혼한 아오모리(青森)에서 온 여자도 몇년 있다가 사망했어. 아이는 없었어.

어머니는 아이누와 일본인의 혼혈이고, 아버지는 아이누. 아버지는 36세에 돌아가셨어. 농촌이라 몸이 약한 탓에 병원까지 걸어 다녔어. 혼자서 말을 키우며 농촌에 살았으니까.

오치아이는 아이누가 가장 많이 살았어. 조선인은 그다지 없었어. 카네하라와 이치카와, 아라카와, 가네다 이외 한 사람, 네다섯 사람 정도. 내지에서 그룹으로 온 것 같아. 여기저기에서. 모두 젊었어. 카네하라만이 비라토리초에서 몇 번이나 결혼했어.

어머니가 58세에 돌아가셨을 때, 카네하라는 40세이었나. 18살 정도 어머니가 많았어. 어머니는 카네하라가 두 번째이니까.

하지만 다른 사람에게 역시 키시코의 부친이 가장 좋았다고 말했단다. 돈을 남기고, 나이도 많았으니까. 모친은 하루요로. 처음 결혼은 18세이고, 카네하라와 재혼한 것은 43세 정도였어. 카네하라는 25세.

조선인이 아이누와 함께 있으면 조선인이라는 이유만으로 이런저런 차별을 받았지. 역시 우리 어머니도 말한 것 같아. 아이누 사람에게서도 들었어. 조선인과 함께 있으면 이러니저러니 한다고. 하지만 돈을 남겼으니, 돈을 빌리러 오는 사람도 있었지. 그러자 처음에는 나쁘게 말하던 사람도 시간이 지나자 좋은 사람이라는 것을 알았어. 돈을 가지고 있으면 빌려주기도 하고. 돈을 남기기 위해 일한 사람이었으니.

가네다씨와는 같이 걸은 적도 영화를 본 적도 없어. 그저 오면 나는 나가지 않았어. 후레나이에서도 밥을 지었으니까 왔지만, 나는 나가지 않았어. 그렇게 해서 그 사이에 봄이 되어 농촌에 가면 세 사람 정

도가 만나러 왔어. 이후에는 만나지 않았어. 가네다씨는 착한 사람
이었어. 역시 상냥하게 말을 걸어 주었어. 그 사람들 3, 4명 부모 집
에 머물기도 했어. 친절한 사람이었어.

가네모토(金本)씨라는 사람도 있었는데. 오사치나이에 사는 아이
누 아줌마였어. 그 가네모토라는 사람이 말이지 우리가 오호코쓰나
이(オホコツナイ)에 있을 때, 빈집이 있었어. 거기에 그 아줌마가 아
이를 데리고 들어왔어. 방문했다고 하기보다는 만나러 와서 그대로
오사치나이에 살게 되었어. 아이들을 두 명인가 세 명인가 데리고
왔어. 그리고 그 가네모토씨 아줌마와 사이에 아이가 2, 3명 생겼지.
그 후 두 사람은 호베쓰(穗別)쪽으로 돌아갔어.

나는 오사치나이(長知内)에서 2~3년 살고 여기로 온 거야. 우리들
은 그렇게 하여 어렸을 적에 호로케시(幌毛志) 에서 왔어. 말을 잘 몰
라서 원래 쓰던 말로 이야기 했었지. 엄마는 우리들에게 뭔가를 먹
이고 싶으니까, 무엇이든 먹을 수 있는 것을 해주기 위해 높은 곳으
로 올라오셨어. 엄마는 아이를 돌봐야하기에 집에 있어야 했지만 가
만히 앉아서 있을 분이 아니셨어. 우선 보이면 먹을 걸 만들어 주셨
어. 말을 몰라도, 이야기가 통하지 않아도 배가 고프다는 것을 알고
있었기 때문이었어.

카네하라는 한 번 조선에 다녀왔어. 엄마가 사망하고 조선에서
남동생을 데려왔어. 그래서 지금 함께 살고 있는 여자를 파칭코 가
게에 데려갔다고 해. 그러나 그 쪽에서 온 남동생은 파칭코가 무엇

인지 모르니까 소주를 달라고 했대. 누나도 잠깐 친정 나들이 느낌으로 온 것 같았고, 그리고 그들은 조선 인삼 등을 가지고 오기도 했어.

이시이 폼페(石井ポンペ)

▶ 원주·아이누 민족의 권리를 되찾은 우코·챠란케(ウコ·チャランケ) 모임 대표
▶ 1945년 홋카이도 호베쓰(穂別) 이나엣푸(イナエップ) 출신
▶ 2012년 9월 10일 삿포로에서 청취

내 고향에는 호베쓰(穂別)로 사할린에서 일본으로 귀환한 아이누 사람이 있었다. 나요로(名寄)에 일단 들려, 그리고 나서 호베쓰에서 나의 고탄(コタン)에 온 할머니와 그 가족도 있었다. 또 강제 연행되어 온 조선인의 비율도 높았다.

내 숙모와 결혼한 사람도 강제 연행으로 끌려온 사람. 내 누나와 결혼한 사람도 그런 사람으로, 자형이었던 '한(韓)'이라는 사람과 결혼했다. 그 사람은 유바리 탄광에서 형제 2명인데, 자형은 형이고 남동생은 죽은 것 같다. 그리고 아이 2명을 남기고 갔다고 한다. 그 남동생 아이 2명을 데리고 내 누나랑 결혼을 해 살고 있던 곳은 시즈나이(静内)였다.

아주머니와 결혼한 '임(林)' 라는 사람은 조선인으로 그 사람의 소개로 우리 누나와 결혼했다. 또 우리 숙부의 부인도 조선인이다. 비교적 아이누인과 조선인과의 결혼이 많았다. 우리 친척 중에서는 3명이 조선인인데 조선인인 걸 말하고 다니면 학교에서도 사회에서도 따돌림을 당해서, 아이누나 조선인은 언제든지 왕따 당할 상황에 놓여 있었다. 그래서 별로 자기 아이에게는 자신이 조선인인지 아이누인지 가르쳐 주지 않았다.

하지만 우리 누나와 자형의 아이들은 삿포로의 조선인 학교에 다녔다. 당시에는 쓰키사무(月寒)에 있었다. 지금은 후쿠즈미(福住)로 옮겼지만. 거기에 아이들 세 명이 다녔다. 그래서 나는 자주 그 학교 운동회에 가거나 아이들이 돈이 없다고 하면 돈을 가지고 가기도 했다. 그렇게 이 학교를 졸업하고 지금은 일반 사회에서 일하며, 거의 도쿄나 그쪽 방면으로 일하러 가서 가정을 꾸리기도 했다.

소학교는 루페시페(ルペシペ) 소학교, 중학교는 호베쓰(穂別) 중학교에 들어갔는데 왕따가 있었다. 지금은 왕따를 당하면 자살하거나 하지요. 여기에 문제가 있다. 왜 나는 학교에 가지 않았는지. 중학교에 가면 모두 일본인 아이들로 미이케(三池)탄광이라던가 혼슈(本州)에서 온 탄광의 아이들이 많았다. 당시에는 호베쓰에도 탄광이 있었다.

그러니까 그런 곳에서 오는 애들은 모두 일본인. 내 입장에서 보면 이상한 얼굴만 모아 놓은 것 같았다. 걔네들은 우리들과 의견이 맞지 않았다. 우리들을 냄새난다는 듯이 쳐다본다던가. 아니 냄새나는 건 당연해. 아침에 산 마늘이라고 말이야 일본인들이 아이누 파라고 하는 김치 비슷한 걸 먹고. 옥수수와 단호박을 먹고 학교에 가니까 냄새나는 건 당연하지. 그러니까 냄새 난다든가, 개 냄새가 난다든가, 아이누 냄새가 난다며 따돌림을 당했다. 그게 쇼와 32~33년 사이의 일이다.

나는 학교에 가는 척 하고 가방을 들고 집을 나와서 하루 종일 어디에 있냐 하면 강이나 갯벌. 강에서 물고기를 잡거나 갯벌에서 조개를 캐거나, 산에 가서 산나물을 채집하는 등 학교가 하고할 시간에 맞춰서 집에 돌아오곤 했었다. 부모님도 이 사실을 잘 알고 계셨다. 부모님은 학교에 가고 싶지 않으면 가지 않아도 된다는 주의여서 부모님과 함께 산이나 강이나 갯벌로 가서, 산에서 나무를 보는 법이라던가 강에서 노는 법, 갯벌에서 어울리는 법 등 이런 자연과의 유대에 대해 배웠다.

학교에서는 절대로 가르쳐주지 않는 것을 부모님에게 배웠다. 그러니까 지금도 사계절 속에서 어떤 것이 어떻게 되는지 정확하게 머리에 들어있으니 걱정이 없다. 학교에서는 배울 수 없는 그런 자연의 가르침을 부모님이 가르쳐 주셨다.

아이누어는 사용했지만, 삿포로에 오니 전체 아이누가 모여 있다고 하면 '그런 일은 없다' 라던가 '그런 건 거짓말이다' 라던가 했다. 우리들의 호베쓰에서는 아이들의 요람을 '호칫포' (ホチッポ) 라고 해. 그런데 운하 쪽에서는 '신타' (シンタ) 라고 해서 전혀 달라. 그러자 그런 아이누는 없다고 했다. 그동안에 아이누어 사전을 만들려고 했기 때문에 아이누어가 통일되어 버렸다. 일본 전국에서는 중앙 표준어로 예를 들어 도쿄의 NHK 언어로 통일되어 버렸는지 모르지만 동북 사투리, 큐슈 사투리, 오키나와 사투리가 있다고 되어있는데 어째서 아이누 언어만 통일되지 않으면 안 되는 것인가. 아이누어도 '메나시 쿠나시리' (メナシクナシリ)라고 동·서의 아이누어는 언어가 전부 다른데 통일되어 버리면 안 되는 거야. 아이누 고탄의 언어가 있으면 좋겠다고 생각하여 나는 그 아이누어 교실에서 배우지 않겠다고 말했다. 자신의 고탄 언어가 중요하다고 생각하니까. 거기에는 참여하지 않게 되었다.

나도 교육을 받지 않았고 며느리도 그런 일로 학교를 가지 못했으니까 아이들도 제대로 된 교육을 받지 못했다.

하지만 아이들이 학교에 가서, 참관일에 한 번 학교에 가니 '저건 아이누다' 라고 말했다. 소학교 때부터 그런 식으로 취급받으면서 살아왔다. 그래도 옛날의 따돌림은 그것뿐이었는데 지금의 따돌림은 자살 문제까지 이르게 되었다. 우리 집 아이들은 그런 말을 들으면, 실제로 자신들은 아이누이니까, 아이누가 뭘 그렇게 잘못했는지 등 이런 말들을 하였다.

조선 차별도 있어서 어렸을 적 친척이었던 조선 친구들과 나는 항상 괴롭힘 당했었다. "조선 조선이라고 바보 취급하지 마. 조선이 뭘 잘못했어."라고, 조선과 아이누의 차별은 가장 많았다. 그러니까 강해지면 좋겠지만.

혼슈(本州)에 가서 해방 동맹의 사람과 교제하면, 모든 부락의 사람들은 야쿠자보다 강해진다고 해. 그런 말을 들었지만 실제로는 그렇지 않다.

지금 하시모토(橋本) 시장이 되고 나서 직원은 문신을 전부 금지했다. 하지만 그것도 또 차별의 문제가 되었다. 그러한 문제들이 홋카이도에서 비일비재하게 일어났다. 그러니까 안심하고 메이지 시대 때 일본인이 되라고 들었지만 안심하고 교육을 받을 수가 없었다.

일본인이라고 생각했던 적은 한 번도 없다. 일본인의 이름을 쓰지 않으면 안 되는 것인가. 나의 이름이 폼페라 '폼페'라고 쓰면 되는데, 외국에 나가게 되어서 알게 된 것은 여권에 생년월일을 '쇼와'(昭和)로 썼더니 태국의 공항에서 3시간이나 나오지 못했어. 일본인 통역이 와서 잘못된 건 여기에요, 라고 당신 쇼와 20년이라고 쓰여 있는데, 우리나라는 양력이라고. 태국 치앙마이(チェンマイ)까지 혼자 가서 처음으로 알았다. '쇼와'라는 걸 사용하고 있는 건 일본뿐이니까. 천황 폐하가 나쁘다고 했다. '쇼와'라고 사용하고 있는 거 자체가 틀렸다고 생각했다.

누나 아이로 조선인 학교에 다닌 것은 3명이고, 한 명은 나가노(長野)현에서 일하고 있다. 모두 제대로 일을 하면서 지내고 있다. 누나와의 사이에서 태어난 아이는 12명 있다. 그러니까 남동생 아이인 2명을 합치면 14명, 그러니 아이 양육비 같은 걸로 먹고 살았다.

하지만 자형은 도박을 잘하지 못했다. 마작에서도 지기 일쑤였다. 당시 '귀환'이라는 게 있었다. 시즈나이에서도 많은 사람이 북한으로 돌아갔다. 쇼와 37년(1962년) 즈음이다. 그때는 아직 자형이 산에서 나무를 하고 있었다. 한 번 돌아가겠다고 했을 때, 나는 반대했다. 그쪽에 한 번 돌아가면 두 번 다시 돌아올 수 없을 것 같은 생각이 들었기 때문이다. 도쿄의 아카사카(赤坂)에도 동포들이 있었다. 자형은 나무꾼으로 돈을 벌어서 토지를 사고 집도 지었지만 마작으로 하루 만에 잃었기 때문에 시즈나이 토지를 조금 팔아서 트럭 한 대를 샀다. 큰누나도 반대하고 나도 안 된다고 말했다. 돌아가면 아무도 보지 않을 것이라고 말했다.

그래서 출발했지만, 이번에는 큰누나의 반대로, 누나도 함께 타고, 트럭 뒤에 아이들 몇 명을 태우고 간 곳이 후쿠시마. 후쿠시마에도 지인들이 있어서 일을 선도해준다고 했다. 오샤만베(長万部)에 호르몬(ホルモン) 가게를 하는 지인이 있어 그러한 동포들을 데리고 후쿠시마로 갔다.

후쿠시마에서도 돈을 잘 벌었다. 세이칸 터널(青函トンネル)의 잡화점이라던가 호르몬 가게를 해서 매상을 올렸다. 그리고 자형은 자신의 나라에 돌아갈 정도의 돈을 벌었다. 한국 마산으로 갔다.

후쿠시마에서의 자형과 누나의 호르몬 가게는 큰 변영을 누렸다. 후쿠시마의 신칸센역 앞에 한 채밖에 없던 시절이었다. 자형은 나이를 먹어 그때는 별로 일하지 않았던 모양이지만 누나가 호르몬 가게에서 자주 일했다.

후쿠시마에서 집을 다섯 채 지어서 지금은 가게를 한 채만 남기고 아이들이 처분했다고 한다. 자형은 함께 나무꾼이었을 때의 추억을 자주 말했었다.

그리고 "나는 탄광에서 육 파운드 쇠망치로 매일 땅을 팠었으니까 손이 휘어져 버렸어"든가, 그리고 머리 뒤를 자주 곤봉으로 맞았으니까 "바보가 될 것 같아 도망쳤어"라고 자주 말했다. 곤봉으로 맞으면서 계속 그 상태로 살아간다면, 거기서부터 탈출도 하지 못하게 된다고 말했다. 바보가 되기 전에 탈출해서 살아보자고 생각하고 도망 나왔다고 한다. 강제 노동은 정말 힘든 거야.

아이를 남겨두고 사망한 남동생은 일본인과 결혼 한 것 같았지만, 남동생이 죽고 나서 일본인 엄마가 사라졌다. 그래서 자형이 남동생의 아이도 데려가서 시즈나이에 있을 때 우리 누나를 소개해 함께 살게 되었다. 누나는 데리고 온 아이들도 자신의 아이와 차별하지 않고 함께 키웠다.

조선인은 "억새로 이은 지붕으로 도망쳐. 그러면 계속 살 수 있어"라고 오가와(小川) 씨도 말했지만 이 지붕은 즉 아이누의 집이었다.

또 하나는 한국전쟁이 일어났을 때 나는 5살 정도였을려나. 우리 집 2층 지붕에 그것도 쾌쾌하고 매운 지붕 안에 항상 두 명이 숨어 있었다. 그 사람은 금산(金山), 김해(金海)라는 사람으로 키가 컸다. 밤이 되면 살짝 나와서 소변을 보기도 했다. 밤이 되면 램프의 불빛 밑에서 식사를 하기도 했다. 부모님은 다른 사람에게는 집에 사람이 있다는 걸 절대로 말하지 말라고 하셨다. 그 전에 집에 포치라는 강아지가 있었다. 강아지가 말이야 다른 사람이 오면 짖었다. 그래서 바로 알아챘었다. 가족인지 모르는 사람인지.

금산씨, 김해씨는 키가 커서 날 비행기 태워주면 지붕 점토 안의 짚을 자유롭게 당겨서 자유롭게 열매를 따먹기도 했다. 25,6살 정도였다. 겨울에 와서 짚의 열매를 먹을 시기였으니까 5월 6월까지는 그렇게 집에 숨어 있었다.

시즈나이의 미유키초(御幸町)의 아파트에 하야시(林)라는 입술을 물들인 할머니가 계셨다. 그 사람도 조선인과 결혼을 했다. 비교적 많았다. 전쟁 중뿐만 아니라 전쟁 후에도 그렇게 조선 사람과 같이 살았던 아이누 여성은 많았다.

가이자와 가오루 (貝澤薫)

▶ 민박 치세 경영, 전 비라토리초 의회의원
▶ 1937년 홋카이도 비라토리초 니부타니 출신
▶ 2012년 8월 10일 니부타니에서 청취

아버지는 지금으로 말할 거 같으면 임야청(林野庁)에서 일을 하고 있었기 때문에, 그러한 사람들도 출입을 하고 있었다. 아버지도 니부타니에서 태어났다. 할아버지도 니부타니에서 태어나고 자랐는데, 할머니는 몬베쓰 지금의 히다카 마을의 깊은 산속의 야마몬베쓰라는 곳에서 시집 왔다.

그 아이가 우리 아버지로 리키조(力蔵). 어머니는 기타미 출신의 일본인이 아이를 데리고 와서 가야노 시게루(萱野茂)의 숙모에게 양녀로 보냈다. 그 사람은 아이가 없었기 때문에. 어머니는 7세가 되셨을 때 니브타니로 왔다고 한다. 여기에 왔는데 호적이 없어 아버지와 결혼하여 아이를 출산했을 때 혼인신고를 할 수 없어 호적을 찾는 일이 어려웠다. 아이가 생겼는데도, 위의 아이가 요시코이지만 호적에 입적시킬 수가 없어 우리 아버지의 여동생, 조모의 사생아로 입적시켰다.

집의 장남 형님께서 호적을 계속 찾아, 호적이 있는 것을 알게 되어 혼인신고를 하였다. 리키조의 아이로. 옛날에는 그런 일이 꽤 있었다고 한다.

오쓰넨무코(越年婿 -전쟁으로 남성 인력이 없어진 아이누의 농가에 들어와서 일한 사람)라고 해서 일본인뿐만 아니라 재일 동포들도 꽤 있었다. 북과 남으로 나누어졌지만. 그게 좀 복잡하지만 말이다. 우리들이 어렸을 적에도 꽤 있었다. 아이를 두세 명 낳아 놓고서는 사라졌다고 한다. 그러면 엄마랑 아이들만 남게 된다. 엄마는 아이누가 많았다. 나보다 한 살 선배인 여자도 그 오쓰넨무코의 아이였고. 그런 아이들은 엄마의 사생아. 그러니까 대부분 아빠의 얼굴은 본 적도 없다고 한다.

아버지는 나무를 심는 일을 하고 있었다. 나무를 자르는 것이 아니라 자른 후에 나무를 다시 심었다. 그러니 꽤 많은 사람들에게 일을 시켰으며 재일 동포들도 그래서 많이 왕래 했다.

전쟁 전 닛토(日東)광산이나 핫타(八田)광산에 있었던 후레아이 쪽의 조선 사람들이 전후, 임업 일을 하며 집에 와서 일을 하고 있었다. 후레아이 쪽에는 꽤 있었을 거다. 돌아가셨지만, 그 후로도 타이슈엔(大昌園)의 마스터도, 지역 사람과 한마음이 되어 지금도 교류가 있다. 재일 동포이지만, 정말로 이 사람은 좋은 사람이라고 말하는 사람이 많이 있었다.

좋은 친구 사이로 골프를 함께 하거나 맥주를 마시거나 했다. 우리 집 아이가 어렸을 때 고기 먹고 싶다고 말하면 바로 그곳에 가곤 했었다.

모친 이와는 전에도 말했듯이 양녀로서 기타미(北見)에서 왔지만, 풍채로 보아 중국계가 아닌가라고 생각한다. 호적에는 에도(江戸)라는 사람의 딸로 되어 있지만, 그 사람의 할아버지가 데려왔다고 한다. 기타미, 혼슈로부터 온 사람들은 밤이 되면 아무것도 하지 않고, 바로 자서 아이가 많이 생겨 키울 수가 없다고. 중국·한국계의 사람들은 꽤 오래전부터 왔었다고 생각해. 일본의 문화도 대부분은 중국, 한국으로 온 것이니까.

아내의 어머니는 유바리(夕張)로부터 왔다. 나미는 한국계다. 나는 그렇게 생각한다. 아버지는 유바리 출신으로. '어디서 굴러먹은 놈인지 잘 몰라.' 그 말은 자주 들었다. 그런 식의 형태로 끌려와, 성장하여 지역 사람과 한마음이 되었지만 싸움이 벌어지면 어디서 굴러먹은 말 뼈다귀인지 모르는 놈이라고. 평소에는 사이가 좋아도, 다툼이 벌어지면 그렇게 말했다.

집에서 일하고 있던 사람들에게 "반도(半島)"라는 말을 자주 들었다. 그러니까 차별이 아닌 "저 사람은 반도 출신이다."라고. 하지만 제일 맘에 안 들었던 것은 말이지, 카메라의 "바카촌 카메라"라고 하는 그 말은 정말로 화가 났다.

자주, "실례합니다, 사진 찍어 주세요. 바카촌 카메라이니까, 누구라도 찍을 수 있습니다."라고 말하면, 바로 화가 치민다. "잠깐만 지금 말, 엄청 나쁜 말이야."라고 말했다. "어째서 입니까?"라고 물으면, "그건 바보라도 조선인이라도 찍을 수 있다는 의미입니다."라고 말하면, "그래요. 이제부터는 절대로 사용치 않겠습니다. 미안해, 미안해요."라는 사람이 몇 명이나 있었어. 그런 말을 사용해서는 안 된다고, 촌(チョン)이라는 말은, 꽤나 차별적인 말로, 아이누에게 "아이누"라고 말한 것과 같은 것으로, 촌이라고 하는 것은 차별적 언어였다고 생각한다.

조선 사람은 노동자이었다고 해. 이야기를 들으니, 알고 있던 사람이 몇 명인가 있었지만, 어찌 되었든 돈 버는 사람이었다. 아버지에게 들었던 말은 조선 사람을 경계하라는 말이었다. 나와 사귀었던 사람 중에는 그런 나쁜 사람은 없었다. 아버지가 알고 있는 조선 사람들은 오쓰넨무코(越年婿)가 되거나, 왔다 갔다 하며, 출가하러 온 사람들이라고 생각했다. 아버지의 일터는 광산이었으니까, 비가와도 조선 사람들은 산으로 간다고. 그래서 일을 하고 있는가 보다 생각해 상황을 보러 가면, 큰 나무 밑에서 불을 펴고 모여 있다가 저녁이 되면 돌아 왔다고. 그것을 봤기 때문에, 그런 말을 했다고 생각해.

결국 비가 와도 일 나간다고 말하고, 나무 밑에서 불을 피워 놓고 놀다가 저녁까지 기다려서 돌아온 것을 보고, 주의하라고 말한 것이라고 생각한다. 그 이외는 생각할 수가 없다. 내가 알고 있는 사람들 중에는 그런 짓을 할 만한 사람을 본 적이 없기 때문에.

집에서 엄마가 말했다. 할아버지의 여동생이 반도로부터 도망쳐와 불쌍해서, 숨겨주었다고. 그러한 이야기를 들었다. 하지만 그것을 말하면 역으로 당하면서도. 자신들도 위험한데 돕는 것은 아이누의 민족성이다. 그런 것은 조선 사람만이 아니었다고 생각해.

전쟁 중이었지만, 도마코마이 오지제지에 식량이 없어 부모가 어린 자식의 손을 잡고 배낭을 메고, 지금 단어로 말하면 도화지 같은 것을 가지고 왔다.

그렇게 해서 오면, 집에서 머무르게 하고 감자라든가, 옥수수라든가 식량을 들려 보낸다. 돈도 받지 않고, 단지 머무르게 해주니까 그러한 것을 가지고 왔다. 그런 일들을 나는 어렸을 때부터 보고 있으니까. 집에 있는 아버지뿐만 아니라, 아이누의 사람들은 그런 일을 하고 있었다라고 생각한다.

우리 집의 장남, 나는 미토코몬(水戶黃門)이라고 부르고 있지만, 그 형님도 양자로 왔다. 우리 집에 아이가 십여 명이 있는데, 또 양자로 데리고 와서, 제 구실을 할 수 있도록 키워 제대로 재산을 분배해주었다. 그 형님도 돌아가셨지만 말이다. 일본인이었다. 나는 형님이 항상 행복하다고 생각할 정도로 어머니가 정성을 다했다. 아이누의 집에서 키웠다. 그러니까 어머니는 형님에 관한 것을 우리들 보다 소중히 여겼어. 데쓰오라고 부르는데 무슨 일이 생기면 '데쓰 데쓰'라며. 엄마가 칸노의 양녀로 자랐기 때문에. 이쪽저쪽 다 다니면서 커서 아버지와 같이 살게 되었다. 엄마가 항상 말한 것은 너희들은 아이누가 아니야. 아이누는 이렇다고. 아이누가 있으니까 자신이 있다고. 아이누가 있었으니까 네가 있는 거야. 아이누가 없었으면 자신은 죽었을 것이라고.

그렇긴 해도 차별은 너무 가혹했다. 돌이 날아오고, 목덜미를 붙잡고 무차별 폭행을 가했다. 그래도 니부타니라면 학교에 가도 아이누 학생들이 많으니까 (샤모 아이들도 많이 있었지만) 특별한 차별이라던지 그런 거는 없었지만 부모님은 차별했다. 아이들끼리는 아니었지만 부모는 역시 차별을 했다. 현관에서부터 못 들어오게 한다던가. 그렇다고 그렇게 경제적으로 풍부하지도 않았다. 경제적으로 풍족하지도 않으면서 그러한 차별을 받았다. 일본인은 농가나 산에서 하는 일로 돈을 벌어 왔지만 아이누의 힘이 없으면 생활도 할 수 없었던 사람들이었으니까.

조선인에 대해서도 일본인들은 차별을 하고 있었다고 생각한다. 함께 골프를 쳤던 사람도 아이누에게서 길러진 사람인데 재일 동포와 함께 골프를 하면서 앞에서는 말하지 않지만, 잠깐 자리를 비우면 점수가 그 사람이 더 좋으니까 '뭐야 촌 따위가' 라면서 험담을 했다. 그 사람도 벌써 죽었지만.

아이누라 하더라도 부모님 중 어느 한쪽이 일본인인 경우도 많았다. 그렇다는 것은 일본인 만들기 정책, 빨리 일본인이 되라며 아이누의 풍습·문화는 안 된다는 정부 방침으로 아이누어를 사용하지 못하게 하거나 폐지하거나 하였다.

화나게 하는 녀석이 있었다. 아이누 여성을 건드리면 바로 결혼 할 수 있을 거라고 믿은 일본인이 있었다. 아이누 여성의 마음을 가지고 논 사람이 있었던 거다. 그러니까 화가 났었다. 나도 젊었을 때에는 여자랑 많이 놀긴 놀았다. 아이누는 속이는 일은 하지 않았다. 샤모(일본)의 여자가 이 녀석이라고 생각하면, 철처하게 나에게 반해버리게 하고는 과감히 내치는 것. 그런 짓은 꽤 했었어. 그리고 아이누 딸이랑 샤모의 아들이 경제적으로는 아이누가 여유로워도, 결혼할 때에는 샤모라서 반대를 했다. 그러한 경우는 지금껏 꽤 봐 왔다. 당사자들은 매우 좋아해도 불쌍하지, 그런 걸 보면 말이다.

사할린 아이누라고 불리는 사람은 가와카미 유지(川上勇治) 씨로 도카치 출신인 것 같다. 선조는 러시아 계통으로 도카치에 있었는데 여러 가지 사정으로 왔다고 하는 건 들었다. 히다카(日高) 아이누가 식량 부족으로 도카치에 와서 사슴을 잡아서 전부 한번에 가지고 가버렸다던가, 맡겨뒀다가 나중에 가지러 가면 그 도카치의 사람들이 식량난으로 전부 먹어버렸다고 한다. 그 배상으로서 도카치에서 히다카에게 보내준 것이 가와카미 유지씨의 계통이었다고 본인에게 들었다.

옛날에는 이 부근에서도 우리들이 소학교 다닐 때 사람들이 찾아와서 지능검사나 여러 테스트를 하게 되었다. 소학교 3,4학년 때이었을까, 학교에서 교원들의 입회하에 몇 십 명의 동급생이 사진을 정면이랑 옆에서 찍히거나, 피를 뽑히거나, 샤모의 아이들은 두세 명밖에 없었으니까 아이누만 그런 건지는 모르겠지만, 시험이라고 하니까 그냥 했었던 것 같다. 어쨌든 사진을 찍거나 학력 테스트를 한 것은 기억하고 있다. 지금 같았으면 그냥은 하지 않았을 텐데. 그 시절이였으니까 학자 무리가 찾아와서 나리, 나리 말하며 했던 시대이니까 말이다.

어른이 되고 나서도 생활관에서 사진을 찍거나 피를 뽑거나 하면 한사람 당 1,000엔을 받았다. 하지만 너는 안 된다고 했다. 반은 아이누고 반은 샤모라서인가라고 생각해서 나는 해주지 않는다고 생각했다. 돈도 받지 못했다. 50년 정도 전 일이다.

지금도 차별은 있어서 "아이누는 바보니까 소주를 먹여서 토지를 빼앗았어."라고 아무렇지 않게 말하는 녀석이 있었다.

그 말을 듣고 그 나름대로의 일을 아이누 협회에서 한다고 하니까 납작 찌그려져 버렸다.

"제대로 배우지 못하면 시집을 가거나 혹은 며느리를 들이거나 할 때 중국인이나 조선인, 에타(차별대우를 받는 사람)밖에 없을 거야." 라는 소리를 들으며 자란 아이누족도 있다. 우리 아버지의 남동생 며느리가 이런 소리를 들으며 살아왔다. 그 며느리는 일본인 아버지를 두고 있으며 몬베쓰 출신. 그곳의 지역은 그런 차별이 있었던 곳이였다.

지금 80세 이상의 사람은 중학교에는 가지 않았을 거라 생각한다.

그렇다. 아내도 소학교밖에 나오지 않았다. 밥만 지을 수 있다면 여자는 된다고 여겨지던 시절이었다. 차별이라고 하는 것은 교육이 진행되면 쓸데없이 심하다고 생각한다. 좋아졌다고 하는 사람도 있지만 괜히 나빠졌다고 하는 사람도 있다.

학교에서도 선생님이 '아는 사람' 하여 손을 들면 일본인 아이가 책상 뒤에서 쾅하고 부딪힌다. 아이누는 손을 들지마라고 말이다. 혹독했다. 나는 똑같이 되돌려주었다. 하지만 부모가 먼저 차별을 하면 선생도 차별을 한다. 그렇게 학교에서 차별을 배운다. 하지만 다른 선생님도 계셨다. 나는 옛날에 선생님은 신과 같다고 생각했다. 뭐든지 알고 있어서 아무것도 보지 않고도 바로 답할 수 있다. "공부하면 선생님처럼 될 수 있어요."라고 말해준 선생님도 있었다. 아버지는 니부타니 학교를 창설한 사람이니까. 새롭게 부임한 선생님은 가장 먼저 아버지에게 인사를 하러 왔다. 그렇게 하지 않으면 되지 않았으니까.

옛날에는 '라타' 라타시케푸의 라타. 그건 아이누 쪽에서 말하는 반도의 라타다. 말의 표리이다. 말할 수 없는 것에 상당한 고통이 있었다.

옛날에 아이누 여성에게 반해서 결혼하려고 한 적이 몇 번 있는데 상대 여성이 아이누는 아이누가 아닌 쪽이 좋다고 해서 헤어졌다. 그 정도로 아이누에게 있어서 신체적인 즉 털이 많다고 하는 것에 대한 열등감 같은 게 있었다. 아이누의 유전자를 지우고 싶다는, 그 정도로 차별이라고 하는 것이 뿌리 깊게 자리 잡고 있었다. 털에 관한 것을 '누마' 라고 하지만 말이다.

　20년 전의 이야기로, 결혼하기 전날은 모두가 모여서 신부에게 접착테이프를 붙여서 탁탁 떼어 낸다. 그렇게 하지 않으면 불쌍해진다고 부모가 신경을 썼다. 지금 말하면 코웃음 치는 이야기일지도 모르겠지만 정말로 가엾은 이야기다. 상대는 샤모로 며느리가 아이누족이라는 것을 알고 있어도 결혼할 때 털이 많다는 사실을 숨겼다고 해. 팔에서 팔꿈치까지 말이야. 그 정도로 깊게 숨기고 싶은 것이 있었다.

　누군가 병으로 입원을 하면 우선 커튼을 쳐서 모두 모인 다음 접착테이프로 털을 떼내고 있었다. 나는 처음에 들었을 때 엄청 웃었다. 하지만 나중에는 눈물을 흘렸다. 소학교 6학년 때 나랑 아이누 아이만 남겨져서 신장 체중을 측정하거나 피를 뽑히거나 했던 것도 그러한 이유 때문이었던 걸까라고 나중에 깨달았다. 후에 천 엔을 받고 피를 뽑거나 했다. 어머니도 1,000엔 받기 위해 갔지만, 비웃음당하고 차별을 당했다고 한다.

　니부타니에는 아이누 사람만 있었는데 나중에 일본인이 와서 일본인이 차별을 받았다. 역시 외부에서 온 사람이기 때문에 당하는 것이다. 세상에서 차별은 없어지지 않았다. 킨다이이치 쿄스케의 여동생의 아이와 사촌도 여기에 와서 울었다. 어머니가 아이누에 대해심한 말을 했다고 한다. 언제나 어머니가 불평했다고, 니부타니에킨다이이치 쿄스케의 비석이 있다고 하자, 눈물을 뚝뚝 흘리면서 아이누에겐 정말 심한 짓을 했다고 울었다.

아이누 협회도 완전히 길들여져 아무것도 말하지 못하게 되었다. 선주민족이 결의를 해도 선주권에 관해서는 아무것도 건들지 않았다. 그렇다고 해서 일본인은 다 나가라고 하는 이야기는 아니다. 단지 토지의 사용료에 대해서 어떻게 하면 될까라는 것이다. 공동 재산이라는 게 있었는데「구 토인 보호법」으로 말소시켜버렸다. 가장 중요한 순간에 말소되어 인정한다고 해도 별 의미가 없다고 생각한다. 그 문화는, 그 문화만이 관광으로 돈벌이가 되는 것 같다.

아베 요시오 (阿部義男)

▶ 홋카이도 아이누 협회 비라토리 지부이사장
▶ 1941년 홋카이도 비라토리초 시운코쓰(紫雲古津) 출생
▶ 2015년 9월 5일, 한국 안산시 고향촌 아파트에서 청취

아이누 사람들은 그때까지 먹을 만큼의 물고기만 잡았다. 그러나 아무것도 안 된다며, 먹을 만큼의 물고기를 잡는 것도 경찰이 와서 바로 체포해 갔다. 난 어렸을 적 일인데도 기억하고 있다. 내가 초·중·고등학교 시절에도 밤에 그물망을 풀어서 한 마리 한 마리 야금야금 잡아왔었다. 다음 날 경찰이 와서 온 집 안을 뒤졌다. 도미카와(富川)에서 아바(アバ)를 치고 산란시키기 시작하고 나선 더욱 엄격해졌다.

아와지(淡路)에서 이주민이 많이 와서 아이누 사람들은 토지를 잃게 되었다. 이전에는 여섯 단의 논과 다섯 단의 밭이 있었는데 3분의 2 이상을 잃었다. 시운코쓰에서 아이누는 나베자와(鍋沢)라는 성이 많았다. 본인도 계속 나베자와라고 생각하고 있었는데, 조부가 나베자와 파리키시마(パリキシマ)라고 한다.

조부가 무엇 때문에 그 말을 했는지 모르겠다. 아이누에 관한 건 문제가 없으니까. 나보다 다섯 살 적은 여동생은 "오빠 절대로 아이누 같은 거 되지 마. 되지 마 알았지?"라고 했다. 지금와서 생각하니 이젠 늦었지만 말이다(웃음). 7명의 형제 모두 그만큼 괴롭힘을 당했다.

학교에 들어갈 때 제출할 서류를 받으러 갔더니 아버지가 나베자와가 아니라 아베라는 성으로 되어있었다. 아버지는 전쟁에 나가서 돌아올 때에 그대로 이름을 숨긴 것 같다. 아버지는 일본 이름인 아베(阿部)라는 성으로 등록했다.

아무리 궁핍해도 아이누 사람들은 아이들을 버리지 않았다. 우리 증조할아버지도 여기저기서 일본인 아이들을 데리고 와서 길렀다. 그리고 또 그 친구들은 모두 할아버지의 호적에 입적시켰다. 역시 인간성이라 생각한다. 인간을 소중히 여긴다. 살아있는 것을 소중히 한다. 아이누 사람들은 그런 것 같다. 내던진 것도 다시 주워서 오니 말이다.

조선 사람은 꽤 있었던 것 같다. 비라토리에서 시운코쓰로 이어지는 방제를 만드는데 조선 사람들이 많이 와 있어 사루바(去場)에 큰 노동자 합숙소가 있었다. 거기 절반이 조선 사람이었다. 어렸을 적 일인데도 또렷히 기억난다. 어렸을 적 조선 사람들은 도미우치선 호로케시(幌毛志) 터널에서 자신들의 동료가 희생이 되었다고 자주 말하곤 했었다. 그 터널을 뚫을 때 붕괴되어 희생 된 사람들이 많이 묻혔다고 한다.

내가 소학교 학생일 때 그 이야기를 들었다. 그때 맹견이 정말 많았었다. 그 사람들이 공사를 하면서 맹견을 잡아서 그 고기를 먹곤 했다. 우리 집은 짚을 엮은 초가집이여서 아이누집이라는 걸 알고 그 사람들도 왔었다. 어렸을 적 개고기를 먹고 맛있었던 기억이 난다.

그땐 양을 기르고 있는 사람도 꽤 많아서 양이 맹견의 습격을 받곤 했으니까, 그렇게 해서 먹었었다. 그 후로는 가죽을 벗겨서 방석으로 사용하곤 했었다. 삿포로시에서 일하고 있던 사람들이 전쟁이 끝난 후에도 댐 공사에서 일을 하면서 아이누 여성과 인연을 맺어 다른 지역으로 옮겨서 살기 시작한 사람도 있었다.

다니고 있던 학교는 시운코쓰 소학교로 옛날에는 산 쪽에 있었는데 5학년 즈음에 지금 있는 곳으로 이동했다. 소학교 땐 가난했기 때문에 새끼줄로 만든 신발을 신고 다니거나 도시락을 못 가지고 다닌 적도 많았다. 무엇보다 놀림을 많이 당했다. 하지만 좋은 선생님도 있었다. 내가 장남이었으니까 밑에 동생을 업고 학교에 간 적도 있었는데 선생님이 보다 못해 아기가 자니까 그 선생님 집에 데리고 가서 아이를 재우고 특별히 따로 가르쳐주기도 했다.

아이누 아이를 고탄(コタン) 헤카치(ヘカチ)라고 부르기도 하며 6

학년 즈음되면 학교에서 돌아오는 길에 숨어서 기다리기도 했다. 그러면 상대는 코피가 날 정도로 몸을 부딪쳐 온다. 그러면 다음 날 부모님은 선생님에게 불려가서 심하게 야단맞곤 했다. 겨울이여도 창문 밖으로 내던져지고 말이다. 그때 선생님의 행동은 정말 어이없었다. 죽어도 잊지 못할 거다. 같은 일을 해도 일본인 아이들은 벌을 받는 일이 없었다. 그런 일은 본 적이 없다. 하지만 아이누 아이들은 대나무 봉으로 맞거나 양동이를 들게 하거나 복도에 서게 하거나 했었다.

일본인 아이들에게 아이누 아이들은 바보 취급당할 때가 많이 있어 그 모욕과 굴욕에 대한 저항은 아이들에게 있어서 단순한 폭력에 지나지 않았다. 그걸 교사가 아이누 아이들이 폭력적이다 혹은 반항적이다라면서 뒤집어 씌어서 아이누 아이들을 처벌했다.

조선인 아버지와 아이누 어머니의 아이가 동급생이었다. 그 아이는 비라토리 중학교에 다니고 있었다. 비라토리에는 이러한 사람이 많이 있었다. 그걸 오로지 감추고만 있어서 조선인이 아이누 일행의 이름으로 바뀌도 모르게 되었다. 그런 사람들은 많다. 나도 알고 있는 사람이 있는데 이미 죽었다. 그 사람도 이제 80살이 되었다.

난 중학교는 도미카와에서 자전거로 통학했다. 중학생이 되자 따돌림이라던지 차별은 없어졌다. 나베자와였지만 그건 아이누의 성. 사리바나 시운코쓰에서는 나베자와였다. 평범한 게 많다. 하지만 나는 성이 아베여서 아이누라고는 생각도 못했을지도 모른다.

하지만 중학교 때는 아이누라는 걸 감추고 있었다. 주변 사람들은 알고 있었을지도 모르지만 중학교에서는 그러한 차별을 선생님이 막아주고 있었으니까 말이다. 학교에서는 아이누에 대해서 배운 적이 없다. 최근엔 배우겠지만 말이다. 우리들 때에는 전혀 없었다. 지금 손자 시대에도 별로 아이누에 관한 건 말하고 싶어 하지 않는다고 한다. 하지만 내 아들은 그렇지 않다.

48년 전에 니부타니로 이동해서 당시엔 타이세이 도로(大城道路)에서 일하고 있었는데, 니부타니(二風谷) 휴게소에서 현재의 아내를 만나 결혼했다. 시운코쓰에 있는 집은 형제들에게 물려주고 나는 여기서 혼자 살기로 했다. 지금 공중화장실로 되어 있는 곳에 엄청 큰 휴게소가 있었다. 민예품 가게도 있고 식당도 있었다. 그동안 카야노 시게루(萱野茂)씨 근처에 살았던 적도 있어 친분 있게 지내다가 40세가 지나서는 아이누 문화와 전통에 대해서 자긍심을 가지게 되었다. "아이누로 태어난 것도 나쁘지 않다."라고 생각하게 되었다. 그리고 "아베상 배 타보셨죠? 아이누 행사도 도와주지 않을래요?"라고 물었다.

길러주신 아버지 사메(鮫)씨는 시운코쓰에서 배를 운항을 하고 있었다. 그걸 보고 자랐기 때문에 나도 소학교 때부터 뱃놀이를 했다. 낚시도 잘했다. 비라토리초에서 행해지고 있는 '지부산케'(「チプサンケ」는 예부터 전해져 오는 기법으로 새로 만들어진 배에 혼을 불어 넣기 위한 진수의 의식)를 처음부터 지금까지 46회째 한 번도 빠진 적이 없다. 현재는 니부타니 대표로서 아이누 문화 전승에 힘쓰고 있다.

지금은 가무이노미도 젊은이에게 맡기고 있지만, 옛날에는 가무이 노미도 제대로 수행했었다. 지금은 인연을 맺어주는 가무이노미 역할만 하고 있다. 그러니까 아이누어를 모르는 조부(祖父)인 것이다.

5,6년 전 지부산케에 왔던 대학생이 있었다. 지금은 호쿠리쿠 대학 (北陸大學) 준교수가 되었다. 대학에 와서 강의를 해주지 않겠는가 라고 해서 나는 아내와 여동생과 함께 2,3번 강의를 하러 간 적이 있다. 직물을 만들거나 악기 뭇쿠리(ムックリ)와 아니누의 체험 등을 이야기 했다.

가야노씨에게 "지금부터라도 늦지 않았으니까 아이누어를 배워." 라는 말을 듣고 "괜찮아요. 이런 나이에"라고 거절했다. 지금 생각 하면 그땐 젊었는데도 말이다. 그동안에 협회 쪽의 부탁으로 이사장 을 벌써 25년 동안이나 맡고 있다. 이제 젊은 사람에게 맡기려고 하 지만, 여기저기 가서 신에게 기도하지 않으면 안 되니까 젊은이는 싫 어 한다. 스님도 두루마리를 보면서 하니까, 한마디도 틀리지 않도 록 보면서 하면 괜찮다고 말하고 있을 뿐이다.

전쟁 전에는 전염병으로 많은 아이누 사람들이 죽어, 그 시체를 모 아서 태웠다고 하는 이야기를 들은 적이 있다. 그건 후레나이가 아 니라 니부타니 근처였다. 이름은 잊어버렸다.

쇼와 45년(1970년)쯤 묘지 정비조례에 의해서, 시운코쓰 묘지도 옛 날의 아이누 묘표가 없어져서 시체를 다시 파서 큰 나무 뿌리 밑에서 태워졌다. 그때까진 아이누 묘표가 시운코쓰에도 가득 찼다. 아이누 사람은 한번 매장하면 다신 그쪽으로 가진 않는다. 집 뒤에 이나우

(イナウ - 아이누 제구의 하나)를 만들어, 거기에서 아니누 민족의 전통적인 공양을 한다.

시운코쓰에서도 각자 자신의 묘는 각각 세워졌지만, 유연고의 유골은 그대로 비라토리초에서 처분했다. 혼마치(本町)의 사람이 아닌지. 그 당시에는 일본인이 권력을 가지고 있었으니까 일본인과 아이누를 구별한 게 아닌지.

혼마치(本町) 쪽이라도 신사 근처에는 아이누 사람들이 많이 살고 있었으니까 말이다. 그리고 일본인이 오고 나서는 좋은 장소는 모두 그 사람들이 가져가 버렸다. 많은 매장품(埋葬品)이 있어, 검이나 목걸이 등을 본 기억이 선명한데 그게 어떻게 되었는지 모른다. 아이누 협회에도 알아봐 달라고 했는데 모른다고 한다. 그 마을이 어딘지 모른다고 한다. 그럴 리가 없을 텐데 말이다.

그 곳에 살모사가 자주 나왔어. 나무 밑이니까 말이야. 완전히 썩어있지 않은 곳에 살모사가 응집해 있었다. 그래서 시운코쓰와 사루바의 공동묘지를 파헤쳐 화장한 무연고의 뼈는 그 시운코쓰와 사루바에 무연비라도 만들어야하는데, 그게 없다. 니부타니에는 있는데. 나는 니부타니의 무연(無緣)의 안에 들어가 보았다. 아는 사람이 암으로 죽었다. 거두어줄 사람이 없으니까 공양해서 태우고 뼈를 니부타니 무연의 안에 넣었다. 그러니까 다른 장소에서 뼈를 언제 누가 어디에서 가져갔는지 모른다.

임원식(任元植)

▶ 1931년 사할린 도린스크 출생
▶ 2015년 9월 6일 한국 안산시 고향촌 아파트에서 청취

나는 북해도에 지인이 많이 있습니다. 무로란 호베쓰. 그것도 이제 20년 전의 일입니다. 그러니까 이제 죽었을 거라고도 생각하지만요. 1940년 9월에 중학교 동창회에 참석하기 위해 일본에 갔습니다.

나의 부모님은 한국에서 태어나서 일본에 왔고, 그 후 사할린으로 왔습니다. 아버지는 처음에 시작한 고물상이 잘 되지 않아 토목업으로 바꾸셨습니다. 아버지는 1898년 출생으로 20세경에 일본에 왔다고 합니다. 그리고 일본에서 많이 고생하셔서 사할린으로 건너왔다고 합니다. 대체로 모든 사람이 그런 것 같아요. 징용으로 왔다는 사람은 다르겠지만.

나는 오치아이(落合)에서 태어나서 6세 즈음에 도요하라(豊原)로 왔습니다. 도요하라 중학교에 입학하여 종전 때에 2학년이었기 때문에, 전쟁 후 다시 일 년을 다녔습니다. 오치아이는 일본인이 많고 조선인이 적었습니다. 중학교에 입학한 조선인은 불과 몇 명 되지도 않았습니다. 중학교는 5년제로 전 학생 수는 1,000명을 넘었습니다. 학생은 200명 중 조선인은 4명이었습니다. 4명 중에서 3명은 죽고 저만 살아남았습니다. 안산에 와서 2명이 죽은 것입니다.

내가 재학하고 있을 때는 아마 10명 정도는 있지 않았나 생각합니

다. 하지만 예과련(豫科練)에 강제로 잡혀 간 사람도 있었고 스스로 자원을 해서 간 사람도 있었습니다. 그 땐 군인 지망이 아니면 중학교에 들어갈 수가 없었어요. 본심이 아니더라도 군인이 되어서 일본을 지키겠다고, 천황 폐하의 부하가 되어서 싸우겠다고 하지 않으면 중학교에 합격할 수 없었던 전쟁 시대였는걸요. 쇼와 19년이니까 1944년경이지요.

쇼와 19년이 되고 나서부턴 5년제인 학교제도가 4년제로 바뀌었는데, 그건 군대에 징용으로 빨리 끌고 가기 위함이었다. 사람이 부족했다. 젊은 사람이 부족하기 때문이다. 내가 알고 있는 사람으로 우수한 사람이었는다. 그 사람도 특공대, 다치아라이(大刀洗)라는 곳에 장군이 되었지만 종전 사이에 전사했다고 하는 소문을 들었다. 자세히는 잘 모르지만, 그렇게 군인이 되어서 죽은 조선인도 있었다.

그 땐 그러한 교육밖에 받지 않았으니까, 일본인이 아니어도 일본을 위해서 특공이 되어 싸우지 않으면 안 되었다. 어쩔 수가 없는 일이었다. 한국의 성도 김은 가네코(金子)로, 도요모토(豊本)로 바꾸어 내선일체(內鮮一體)를 내세우면서 말이야. "너희들은 일본인이야" "대동공영국"이라며 남방으로 가서 너희들은 일본인의 일원으로서 활약하지 않으면 안 된다고. 우리도 젊었고 어린이이니까 싸움 같은 걸 하면 "에잇 조선인"라는 말은 나왔어. 그런 말은 들었지요.

우리들이 살고 있던 마을에서는 다들 서민이죠. 거기에선 차별 같은 거 느끼지도 못했어요. 한국에 있던 사람들은 모른다. 우리들이 사할린이라고 말하는 시대에는 큰 차별은 받지 않았어요. 같은 걸 먹고, 그때는 배급 시대였으니까. 옷이라고 해도 모두 같은 옷을 입고 있었고.

또 한국인은 일본어를 잘하지 못하니까 모두 노동자였어요. 하지만 먹고 살지 못할 수준은 아니었어요. 집이라고 해도 4,5명이 있었지만 어떻게든 생활은 해 나갈 수 있었어요.

하지만 나는 일본 시대부터 그렇게 생각했어요. 조선인이어도 일본인에게 뒤떨어지는 것은 아니라고. 동료 중에도 4명의 조선인 친구가 있었는데 꽤 공부도 잘했었어요.

일본이 전쟁에서 지고 잠시 동안 복잡한 기분이었죠. 대체로 말이죠. 일본이 정의의 나라이고 강한 나라라고 말한 것이 납작 눌려지는 순간이었으니까요. 불에 탄 들판에서 이제 어떻게 살지 고민할 즈음 러시아인이 들어왔습니다. 정말로 복잡한 기분이었죠.

그러고 나서 소련의 공산주의 교육이 시작되어, 주입시켰다. 이번에는 일본이 나쁘다고. 처음에는 소련의 공산주의는 모두가 평등하고 남녀도 평등하여 좋다고 생각했는데 소련이 없어지고 나선 결국 소련도 거짓말을 하고 있었구나라고 생각했습니다.

종전 후 사할린에서 일본에 돌아오는 귀국선이 오타루 앞바다에서 폭파당했었어요. 그때 러시아인이 그랬다. 그건 러시아의 만행이라고 여러 사람이 말했었죠. 그러나 그건 아니다. 미국의 잠수 부대가 공격했다고 한다. 하지만 나는 절대로 미국은 아니었을 거라 생각했습니다. 그리고 소련이 붕괴된 후 옐친 대통령이 "그건 확실히 우리가 한 일이다"라고 말했어요. 사죄를 한 것이죠.

그리고 65만의 사람이 어느 정도의 숫자인지는 모르겠지만 만주에서 포로가 되어 일본인이 시베리아에 연행되었어요. 그것도 국제법에 의하면 그러한 짓을 할 수 없게 되어 있다. 미국이 3년 반만 했다고, 그런 말은 한마디도 하지 않는다. 포로는 반년 후에 석방되었습니다. 러시아는 길게 10년이나, 사망자도 상당히 많았는데 소련은 절대로 강제가 아니라 자발적으로 시베리아에 간 것이라고 주장했습니다. 나중에 이러한 사람이 돌아오지 못하고 시베리아에서 죽은 건 아니냐고 물으니 그렇지 않다고.

그런데 이것도 나중에 옐친이 사망자 명부를 전부 공개했습니다. 그 혹한의 땅에서 검은 빵과 물만 먹고 가혹한 노동을 시켰으니 얼마나 많은 사람이 죽었을까. 그러니까 소련 시대 정부가 말한 것은 전부 사실과 다르다고. 전 환멸을 느꼈습니다. 소련의 공화주의는 별거 아니라고 생각했습니다.

스탈린이 조선인을 사할린으로 강제 이주 시켰었죠. 스탈린은 조선인을 신용하지 않았습니다. 조선인도 여러 종류의 사람이 있지 않습니까. 친일의 조선인은 일본의 스파이라며 스탈린이 조선인을 매우 증오했다. 그러니까 더 이상 사람이 살지 못할 것 같은 중앙아시아의 사막지대에 사람들을 이주시킨 것이겠죠. 하지만 거기서 모두 열심히 살고 있었어요. 카자흐스탄이라던지 우즈베키스탄에 살고 있던 조선인은 모두 유복하게 살았다고 합니다. 그러니까 전 생각합니다. 조선인은 절대 다른 민족에 비해 뒤떨어지지 않는다고.

전후에는 소련을 선전하기 위해서 사할린으로 그 타슈켄트의 조선인이 와 있었던 것 같아요. 그들은 그 무렵은 "우리들은 소련의 보호 아래에서 풍족하게 살고 있다"라고 말했습니다만, 나중에 들으니 그 사람들도 엄청 고생 많이 했었다고 해요. 저 스탈린 시대에는 정말 힘들었어요. 나도 어릴 때이지만 정말 당치도 않다고 생각했어요. 헌법에 소련은 자유의 나라라고 하는 게 있는데 말이죠. 하지만 그런 자유 따위 없었어요. 그 시대에는 정말 무서웠죠.

8월 15일에 종전을 맞이했어요. 저 땐 소련의 전차(戰車)가 멀리서부터 다가왔어요. 나는 12,3세 어린아이였습니다만, 50대까지 세었습니다만 그 이상은 셀 수가 없었어요. 그 정도로 압도적으로 큰 전차가 많아 굉장해서 깜짝 놀랐어요. 이 정도라면 일본도 야마토 혼(大和魂)만으로는 이길 수 없다고 말이죠.

지금까지는 목총을 들고 군사훈련을 시키고 있었어요. 과목이 있었으니까. 하지만 지금 생각해보면 말도 안 되요. 그런 것으로 승리할 수 없다고 생각해요.

전후는 육체노동이었어요. 도요하라(豊原) 중학교를 졸업했으니까, 조금은 급여도 좋았지만 그다지 많지는 않았어요. 자동차 수리라든지 어선이 고장나면 그것을 수리할 부품을 만들거나, 그것을 전문으로 하는 공장에서 일 했어요.

그 즈음에는 러시아어를 잘했어요. 일본 시대는 일본어로 하지 않으면 안 되고, 소련 시대에는 러시아어를 배우지 않으면 안 되어 힘들었어요. 하지만 나이가 들어 한국에 와서 한국어가 서툽니다. 우리 아내가 단연 한국어는 잘합니다. 두 사람은 한국어로 말하는 적이 한 번도 없습니다. 일본어로만 말합니다.

성(性) 정도는 한국어도 알 수 있지만, 러시아어로 말할 때도 가끔 있습니다. 러시아어는 야학으로 10학년을 마쳤습니다. 대학은 통신대학에 3년 다니다가 아버지가 돌아가셔서 일을 해야만 했기 때문에 도중에 그만뒀습니다. 야간대학이라도 마쳤더라면 사무원이라도 되었을지 모릅니다만, 일을 해야만 했기에 중단하게 되었습니다.

지금 우리는 여기에서 행복합니다. 하지만 우리가 여기에 오면서 제2의 이산가족이 되어 버렸습니다. 우리가 병에 나면, 사할린에서 가족이 걱정되어 올 것입니다. 하지만 그것은 돈이 많이 듭니다. 나도 작년에 가봤지만 지금 러시아의 루프는 급락하여 대단히 힘듭니다. 천연가스가 나온다고 하니까, 조금 나아졌을려나.

푸틴의 크리미아반도와 우크라이나의 일로 완전히 생활이 침울해졌습니다. 우리 딸들도 생활이 곤란하다고 합니다. 러시아의 연금은 적습니다. 그것에 비한다면 한국은 생활하기 편합니다. 연금이 많지는 않지만 생활이 가능합니다. 야채라든지 과일이 쌉니다. 그런 것은 이제 불만이 없습니다. 하지만 한국어는 거의 말할 수 없고 정부에 말하고 싶은 것이 있어도 나 같은 사람이 말해도 변하지 않을 겁니다.

전후는 일본에서도 여러 사람이 와서 패전국인데도 저리 풍요로운데 러시아는 큰소리치면서도 가난하다고. 사할린에 있을 때는 일본 인기가 대단했습니다. 아내가 언제나 말했습니다. "당신, 그런 말은 하지마세요"라고 하지만 나는 거짓말은 하지 않아요.

일본의 교육을 받아서 당시의 사상적인 것도 아직 남아 있습니다. TV도 일본 프로그램을 보고, 야구를 보며 떠들며 일본 노래를 부르고, 스모를 보기도 합니다.

오충일(吳忠一)

▸ 1931년 후쿠오카현 출생
▸ 2015년 9월 7일 한국 안시 고향촌 아파트에서 청취

1941년(쇼와 16년)에 아버지가 징용으로 사할린에 갔습니다. 돈을 보내려고 탄광에서 일하기 위해서였습니다. 1943년에 나는 어머니와 형제 셋이서 사할린의 나요시로 갔습니다. 거기에는 아이누 사람들도 많이 있고, 조선인과 결혼한 아이누 사람도 있었습니다.

종전 후 일본은 1947년부터 귀국이 시작되었습니다만, 아이누 사람들은 그보다 일찍부터 왠지 모르지만 모습을 볼 수가 없었습니다. 어디에 간 것인지, 연행되어 간 것인지 모르지만 모두 모습을 감추었습니다. 학교에는 아이누 친구도 있었습니다. 아이누 사람과 결혼한

일본인과 조선인도 함께 사라졌습니다. 그때부터 전혀 모습을 볼 수가 없었습니다.

황용문(黃甬門)

▸ 1930년 사할린 토마리 출생
▸ 2015년 9월 7일 한국 안산시 고향촌 아파트에서 청취

양친은 1920년(다이쇼 12년)에 일본 오사카로, 또 거기에서 큐슈로 갔습니다. 그리고 1928년 사할린에 온 것입니다. 농업과 임업을 했습니다. 그 무렵 거기에는 일본인이 가장 많이 살았고 조선인도 많이 있었습니다. 아이누 사람도 꽤 있었습니다. 라이치시 호수에 아이누 고탄이 있었습니다. 거기에는 아이누 사람만이 살고 있었습니다. 아이누 친구는 없었지만 하사관으로 야마모토 아무개라고 하는 사람이 아이누로, 수염을 기르고 있었습니다.

조선인과 아이누가 결혼하는 것은 드물지만 가끔 있었습니다. 일본인과 조선인과의 결혼은 많이 있었습니다. 그것은 어쩔 수 없었어요. 지금으로 치면 국제결혼이겠지요.

사할린에서는 며느리도 러시아인이고, 손자도 러시아인입니다. 하지만 당시로서는 이혼하지 않고 함께 살기만 하면 좋다고 생각했습니다. 그리고 그 아이누 고탄에 살던 아이누 사람들은 전쟁이 끝나자 바로 어찌된 것인지 모두 사라졌습니다. 후에 들으니 남쪽으로

이주 당해, 거기에서 홋카이도의 아이누 고탄인가 어딘가로 가버린 것입니다.

일본인이 일본으로 돌아간 것은 1947년 후 입니다만, 아이누 사람들은 그보다 일찍 모두 모습이 보이지 않았습니다. 쿠슌나이라는 역이 있었습니다. 거기에서 10km정도 가면 나요리라고 하는 마을이 있습니다. 거기에 아이누 고탄이 있고 아이누 사람들이 몇 백 명이 있었습니다. 아이누 사람들은 북쪽에 많았다고 합니다. 포로나이스 크라는 곳에.

나는 7세에 진죠(尋常) 소학교의 1학년이 되었습니다. 전쟁이 시작되고 나서는 국민학교로 바뀌었습니다만, 그 무렵은 소학교라고 말했습니다. 「황국 신민의 명세」라든가 여러 가지를 시켰습니다. 일본 시대에는 차별이 없는 것은 아니었습니다. "조센진, 조센진, 아오낫빠(アオナッパ)"라든가. 그런 말은 들었습니다. 하지만 그것은 개구쟁이 시절이었습니다. 일본인으로서 교육을 받았으니까, 당시는 군사훈련을 받으며 뺨을 맞기도 했습니다.

일본의 패전 소식을 들었을 때, 역시 나는 일본 교육을 받고 일본인과 함께 사이좋게 지냈기 때문에 유감이라는 마음이 강했습니다. 져서 좋다는 생각은 들지 않았습니다. 일본인과 함께 슬퍼했습니다.

1945년(쇼와 22년)에 일본인이 귀국해 갈 때는 정말로 슬펐습니다. 어릴 때 가장 크게 기억에 남는 것은 기차로 일본인을 보낼 때입니다. 쿠나이역에서 모든 일본인은 마오카(眞岡)로 귀국했습니다.

1948년 7월이 마지막이었습니다. 그때는 정말로 슬펐습니다. 그리고 40년이 지날 때까지 전혀 연락도 없었습니다. 코르바초프 시대부터 개혁을 추진하여 '철의 장막'이라는 것이 없어지고 나서 저희들끼리 편지로 왕래를 시작하곤 했습니다.

종전 후 소련 시대의 조선학교에는 가지 않았습니다. 나는 조선의 글을 읽을 수는 있지만 역시 의미는 알 수 없습니다. 일본에서는 한자가 많이 들어있습니다만 한국에서는 한글은 읽을 수 있지만 의미는 모릅니다. 그것은 한국에서도 지금 문제가 되고 있지만.

소련 시대에는 조선인에 대한 차별은 많이 있었습니다. 점차 그것은 없어졌습니다만, 나의 큰형 부인이 일본인이어서 1957년에 영구 귀국한 것입니다. 지금도 도쿄에 있습니다. 형은 벌써 돌아가셨지만 형수는 아직 살아있습니다. 일본 도쿄의 가쓰시카(葛飾)라는 곳입니다. 아내가 일본인인 까닭에 일본에 귀국한 조선인은 많이 있습니다.

1987년부터 한국에 돌아올 수 있게 되었습니다. 나는 1993년에 처음 한국을 방문했습니다. 부산에 친척이 30명 정도 있습니다. 나는 거기서 여러 가지 얘기를 하고 조부모의 산소를 성묘하고 그 흙을 사할린까지 가지고 가서 나의 양친 묘에 뿌렸습니다. 최소한의 공양을 위한 것이라는 생각에.

나 자신은 꼭 한국으로 돌아오고 싶은 생각은 없었습니다. 한국어도 모르고 습관도 일본과 달라서. 나의 아내가 "모두 귀국하고 있으니 주위를 둘러보고 돌아갑시다"라고 말했기 때문에, 2000년에 한국 안산에 영구 귀국했습니다. 돌아오니 아파트도 훌륭하고 복지관도 있고 전부 잘해주서서 잘 돌아왔다고 생각했습니다.

아내와 둘이서 연금이 90만 원, 9만 엔 정도입니다. 충분합니다. 집세는 없습니다. 건물은 일본 정부에서 출자한 것입니다. 관리비와 전기세, 수도세만을 지불합니다. 일본에서는 절대 생활할 수 없습니다. 일본에서는 둘이서 300만 원 정도 듭니다. 아직 일을 하고 싶지만 나이를 말하면 이제 안 된다고 합니다. 벌써 90세 가까이 되었으니까. 하지만 여기서 일을 하는 사람은 연금을 받을 수 없습니다.

중앙아시아의 타슈켄트에서 온 사람도 있습니다. 남편이 조선인으로, 국경 마을의 빠류라고 하는 곳에서 왔다고 합니다. 사할린에서 온 러시아 여성은 남편이 조선인이기 때문에 영주 귀국했지만 그런 일은 처음이라며, "나는 하루도 한 시간도 이 나라에 살지 않았고, 일도 하지 않았는데도 생활도 할 수 있고 여행도 가능하다"고 말했습니다. 타슈켄트에서 온 사람은 고향촌에는 없습니다. 한국의 다른 곳에 살고 있습니다.

한국에서 의료비는 무료입니다. 영주 귀국자에 한해서 일주일간 입원은 6,000원(일본 엔으로 580엔입니다.) 일본 적십자사에서 보조금으로 2년에 한 번 무료로 사할린에 일시 재류할 수 있습니다. 3개월 정도 체류합니다만, 대개 성묘로 1개월 정도 지나면, 아들과 딸에게도 폐가 되니까 한국으로 돌아옵니다.

한국에서는 65세 이상은 지하철도 무료입니다. 일본의 TV 프로그램도 하나, 러시아의 TV 프로그램 두 개가 안산의 고향촌 아파트에서는 방영됩니다. 내가 한국어를 배운 것은 여기에 와서 입니다. 민족적으로는 조선으로 되어 있습니다만, 문화적으로는 일본입니다. 그리고 러시아. 한국은 나에게 있어 가장 거리가 있습니다.

일본의 것은 정말로 그립고 일본 문자가 있으면 읽을 수 있습니다. 나는 독서가 취미였습니다. 러시아어는 대부분 이해하지만, 정치적인 문제나 어려운 것은 이해하기 쉽지 않습니다. 러시아에서도 통역은 필요 없고, 일본에 갔을 때도 통역은 필요 없다고 말했습니다.

러시아인과 함께 살고 있는 일본인은 꽤 있습니다. 그러한 사람 중에 희망하는 사람은 일본에 귀국했습니다. 조선인도 내가 알고 있는 사람 중에서 일본으로 귀국한 사람이 있습니다. 아이누인으로 남은 사람은 일본에 가도 방법이 없으니까 여기에 남는다고 말했습니다. 그 무렵 아이누인도 일본인처럼 일본어는 가능합니다. 일본인도 조선인도 아이누인도.

그래도 우리는 한국에 영주 귀국했지만, 그것이 가능하지 않은 조선인 중에 자살한 사람도 있습니다. 한국에 귀국할 수 없어 희망을 잃고 스스로 목숨을 끊은 것입니다.

한국 KBS방송이 밤중에 방영됩니다. 그때는 소련 시대로 가족과 친척이 어디에 있는가를 우리들은 이불을 뒤집어쓰고 들었던 것입니다. 저 사람은 나의 남동생이다. 저 사람은 나의 어머니다라고. 그리고 그것을 알고 나서 절망하여 자살한 사람도 적지 않았습니다.

어떤 여성이 한국에서 남편을 찾아 사할린으로 왔더니 남편은 한쪽 다리를 잃어 지팡이를 짚고 있고, 그리고 러시아 여성과 결혼해 있었다. 20세 때 결혼하여 남편이 사할린으로 가서, 전후에 겨우 사할린에서 남편을 찾았지만 남편은 불구자로 러시아 여성과 결혼해 있었다고 하는 말도 들었습니다.

한국에서 TV 방송국이 공개 프로그램을 방영했습니다만, 그러한 비정한 사례가 많이 있었습니다. 하지만 그것은 누가 그러한 비참한 운명을 만든 것인지. 전쟁이 없었으면 그런 일은 없었을 것입니다.

나의 소학교 때의 선생님이 지토세에 계십니다. 그 선생님을 만나서 정말로 반가웠습니다. "이야, 기모토 살아 있었어."라고 말했습니다. 그리고 도쿄에서는 버스를 타고 도쿄 타워와 아사쿠사에도 갔습니다.

만약 이것이 책이 되어 나온다면 나는 꼭 얘기해 두고 싶은 것이 있습니다. 일본 시대에 강제 연행된 사람이 있습니다. 일본과 한국 사이에서 그것은 해결이 끝난 걸로 되어 있으니까, 일본 정부에서는 아무것도 주지 않았지만, 한국 정부에서 강제 연행된 사람에게는 200만 엔의 '의료금'이라고 하는 것이 지급되었습니다.

하지만 강제 연행되지 않았던 사람에게는 아무 보상도 없습니다. 한마디로 말해두고 싶은 것은 우리도 마찬가지로 보상을 받을 권리가 있다는 것입니다. 함께 고생하며 조국에서 외면당해 겨우 영주 귀국을 했는데도, 거기에 강제 연행인지 아닌지를 구별하는 것은 너무 심한 것이 아닌가하는 것입니다. 모두 같은 희생자라는 것입니다.

후기

필자가 조선인의 이주와 정주화 형성 과정에서 아이누 민족과의 유대에 관해 조사 연구를 시작하게 된 계기는 2004년도 (재)아이누 문화진흥·연구추진기구 조성에 의한 공동연구 「전근대기 아이누 민족에 있어 교통로의 연구(이부리胆振·히다카日高 1)」였습니다. 당시 필자는 오스트레일리아에서 발간된 세계 최초의 아이누어 사전에 대한 조사를 실시할 예정이었습니다만, 도마코마이 고마자와 대학의 오카타 미치아키(岡田路明) 교수로부터 들은 말에 의해 조사 연구를 변경하기로 했던 것입니다. 그것은 "아이누 문화의 전승자로서 활약하고 있는 여성이 조선인이다."라는 충격적인 내용이었습니다.

재일 코리안인 저도 그때까지 그러한 말을 한 번도 들은 적이 없었습니다. 어느 문화 전승자가 전혀 다른 인종과 민족이라는 것이 신기한 것은 아닙니다만, 당시 조선인과 아이누가 어떻게 유대를 가지고 있었는지 아이누 민족도 아닌 조선인이 왜 아이누 문화 전승자로서 활약하고 있는지에 대해 알고 싶다는 생각이 강하게 들었습니다.

그 이야기를 처음 들은 10여 년 전이나 현재에도 그 사실을 알고 있는 관계자는 누구인지 알고 있지만, 말하는 것은 차별의 일종으로 금기되어 있었습니다.

그 후 도쿄 경제대학의 서경식 교수로부터 교토의 인권 활동가·환보 간쟈(皇甫康子)씨가 아이누 여성과 조선인 남성의 혼인 관계에 관한 조사를 하고 있다는 이야기를 들었습니다.

2005년도의 개인 연구로써 다시 (재)아이누 문화진흥·연구 추진기구로부터 조성을 받아 환보 간쟈씨를 홋카이도로 초청하여 연구회와 필드 워크를 실시하였습니다. 나아가 2012년 - 2015년도까지 과학연구비의 지원을 받아 조선인과 아이누 민족 쌍방 출신인 분들의 청취를 실시하고, 또한 조선인의 이주에 관한 근대기 초기, 전근대기 후기의 문서에 대한 조사를 실시하였습니다.

청취에 관해서는 정말 많은 분들이 협조해 주셨습니다만, 청취를 마치고 돌아오는 차 안에서 종종 오열하기도 하였습니다. 이야기를 들을 때 이것을 '연구'로써, 한 연구자가 자신의 업적으로 정리해도 좋을지 어떨지 하는 갈등이 항상 있었습니다. 실은, 지금도 그런 마음이 없지는 않습니다.

마지막까지 청취를 거부하신 분도 계십니다. 그러나 조사를 진행하는 과정에서 일본 제국에 있어 선주민 지배와 식민지 지배의 역사가 교착하는 상징적인 현상으로서의 아이누 민족과 조선인의 유대에 관해 파헤치고는 있지만, 그 사실을 기록으로 남기고 계승해 나갈 필요가 있다는 생각이 강해졌습니다.

함께 차별과 억압 속에 있었던 아이누 민족과 조선인의 연대, 그것도 아주 복잡하고 다양하게 중층적인 그 유대는 홋카이도에 있어 특이하고 현저한 현상임과 동시에 세계적인 시야에서 접근해 보면, 라틴 아메리카 등에서도 볼 수 있는 제국주의 지배가 가져온 선주민 지

배와 식민지 지배의 보편적인 폭력 구조에 의한 것이라는 것도 밝혀
져 온 것입니다.

현재도 일본에 있어서는 아이누 민족과 재일 코리안, 또 그 쌍방의
조상을 가진 사람들에 대한 중층적인 억압과 차별은 없어졌다고는
말할 수 없습니다. 그래서인지 요즈음 배외주의 · 복고주의 풍조 속
에서 보다 더 심각화 되어 가고 있다고 말할 수 있습니다. 그러한 가
운데 이 책이 조금이라도 도움이 되기를 바라는 바입니다.

본 연구의 동기가 된 사실에 대해서 교시해 주신 도마코마이 고마
자와 대학의 오카타 미치아키씨, 〔사료 1·2〕의 번각(翻刻)을 해 주
신 도마코마이 고마자와 대학 준교수 사카타 미나코(酒田美奈子)씨,
청취 조사에 많은 증언에 의해 역사적 사실을 밝혀주신 아시리레라
씨, 아이누 인골 반환소송을 벌여 화해를 쟁취한 오가와 류키치(小
川隆吉)씨와 고 · 죠노구치 유리(城野口ユリ)씨, 사할린 아이누에 대
해 증언해 주신 타자와 마모루(田澤守)씨, 나라노키 기미코(楢木貴
美子)씨. 아니누 민족과 조선인에 대해서 귀중한 증언을 해주신 야
마미치 쇼난(山道照男)씨, 고 · 야마미치 기시코(山道きし子)씨, 가와
나노 세이지(川奈野誠治)씨, 야마자키 요시코(山崎良子)씨, 가와카
미 유코(川上裕子)씨, 아베 요시오(阿部義雄)씨, 이시이 폼페(石井ポ
ンペ)씨, 가이자와 가오루(具沢薫)씨, 곤노 마코토(金野眞)씨, 시미즈
유지(淸水祐二)씨, 후리나이의 공동묘지에 있어 귀중한 증언을 해
주신 오모테다니 야스오(表谷康郎)씨, 사할린에 있어 조선인과 아이

누에 관해 귀중한 증언을 해 주신 야마시타 아키코(山下秋子)씨, 임옥자씨, 인원식씨, 김순옥씨, 김옥희씨, 김정희씨, 황용문씨, 이문열씨, 천대호씨, 오충일씨, 김윤택씨에게 진심으로 감사드립니다.

또한, 한국에서 아시리레라씨 신문 기사와 아시리레라씨와 만날 수 있게 직접적인 기회를 주신 한국·삼육대학교의 이상복 교수, 사할린의 여정을 알선해 주신 (유)화루콘(ファルコン) 대표 임원 스기야마 모토이(杉山基)씨, 사할린에서의 청취에 도움을 주신 일본인회(홋카이도 대회) 대표 시라하타 마사요시(白畑正義)씨, 통역을 해 주신 임미자씨, 한국 안성시에서 통역을 해 주신 미술가 김구홍씨, 최괴법씨 여러분들에게 진심으로 감사 드립니다.

마지막으로 이 책의 출판에 도움을 주신 수랑사(壽郞社)의 사장님 도이 쥬로(土肥壽郞)씨, 편집부 시모고 사키(下鄕沙季)씨, 장정자 스즈키 미사토(鈴木美里)씨에게 진심으로 감사드립니다.

2017년 7월 석순희

조선인과 아이누 민족의 역사적 유대

초판 1쇄 발행일 2019년 4월 30일

지은이 석순희

옮긴이 이상복

펴낸이 박영희

편집 박은지

디자인 원채현

마케팅 김유미

인쇄·제본 태광 인쇄

펴낸곳 도서출판 어문학사

　　　　서울특별시 도봉구 해등로 357 나너울카운티 1층

　　　　대표전화: 02-998-0094/편집부1: 02-998-2267, 편집부2: 02-998-2269

　　　　홈페이지: www.amhbook.com

　　　　트위터: @with_amhbook

　　　　페이스북: https://www.facebook.com/amhbook

　　　　블로그: 네이버 http://blog.naver.com/amhbook

　　　　다음 http://blog.daum.net/amhbook

　　　　e-mail: am@amhbook.com

　　　　등록: 2004년 7월 26일 제2009-2호

ISBN 978-89-6184-901-2 93910

정가 16,000원

이 도서의 국립중앙도서관 출판예정도서목록(CIP)은 e-CIP홈페이지(http://www.nl.go.kr/ecip)와
국가자료공동목록시스템(http://www.nl.go.kr/kolisnet)에서 이용하실수있습니다.
(CIP제어번호: CIP2019013279)